ABRÉGÉ

DES PRINCIPES

DE

LA GRAMMAIRE

FRANÇAISE,

PAR M. RESTAUT.

NOUVELLE ÉDITION,

AUGMENTÉE DES PRINCIPES GÉNÉRAUX
DE L'ORTHOGRAPHE FRANÇAISE.

ALAIS,

CHEZ J. MARTIN, IMPRIMEUR-LIBRAIRE.

———

M D CCC XXIV.

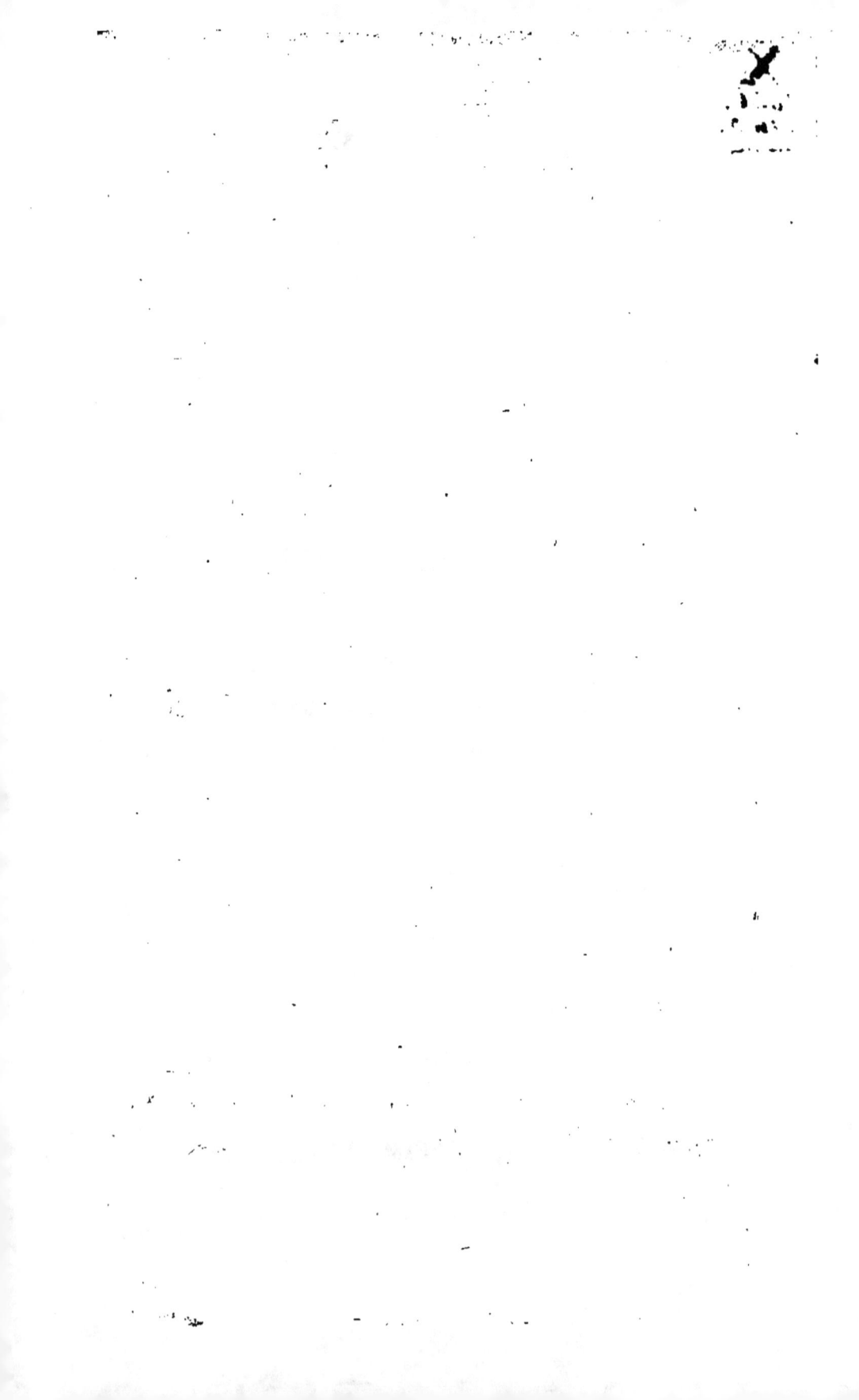

ABRÉGÉ

DES PRINCIPES

DE LA

GRAMMAIRE FRANÇAISE.

CHAPITRE PREMIER.

De la Grammaire en général, des Mots, des Syllabes et des Lettres.

D. *Qu'est-ce que la Grammaire ?*

R. C'est l'art de parler.

D. *Qu'est-ce que parler ?*

R. C'est exprimer ses pensées par le moyen de la voix.

D. *De quoi se sert-on pour cela ?*

R. On se sert de mots, que l'on appelle encore *parties du discours, parties de l'oraison.*

D. *De quoi les mots écrits sont-ils composés ?*

R. Ils sont composés de syllabes. Ainsi dans le mot *opulent*, il y a trois syllabes, qui sont *o-pu-lent*; et dans le mot *calomniateur*, il y en a cinq, qui sont, *ca-lom-ni-a-teur.*

D. *De quoi les syllabes sont-elles composées ?*

R. Elles sont composées de lettres.

D. *Combien y a-t-il de sortes de lettres ?*

R. Il y en a de deux sortes ; savoir : les voyelles et les consonnes.

D. *Combien y a-t-il de voyelles ?*

R. Cinq, *a , e , i ,* ou *y grec, o , u.*

D. *Combien y a-t-il de consonnes ?*

R. Dix-huit ; savoir : *b, c, d, f, g, j, k, l, m, n, p, q, r, s, t, v, x, z.*

D. *Combien distingue-t-on de sortes d'e ?*

R. On en distingue de trois sortes, qui sont l'e muet, l'é fermé, l'è ouvert.

D. *Qu'est ce que l'e muet ?*

R. C'est un e qui n'a qu'un son sourd et obscur, et qui se prononce comme à la fin de ces mots, *monde, livre, homme, etc.*

D. *Qu'est-ce que l'é fermé ?*

R. C'est celui qui se prononce comme à la fin de ces mots, *café, bonté, charité, etc.*

D. *Qu'est-ce que l'è ouvert ?*

R. C'est celui qui se prononce comme dans es secondes syllabes des mots ; *misère, fidèle, empête, extrême, succès, progrès, etc.*

D. *Faites-moi voir ces trois sortes d'e dans quelques mots ?*

R. On les trouve dans les mots *fermeté, netet é*, dont le premier e est ouvert, le second est muet, et le troisième est fermé.

D. *Combien y a-t-il de sortes d'e ouvert ?*

R. Il y en a de deux sortes.

1.º L'e un peu ouvert, qui se prononce avec une ouverture de bouche un peu plus grande que celle qu'il faut pour la prononciation de l'é fermé, comme dans les secondes syllabes des mots, *misère, fidèle, musette, tristesse, etc.*

2.º L'e fort ouvert, qui se prononce avec une ouverture de bouche plus considérable, comme dans la première syllabe de *guerre*, et dans les secondes de *tempête, extrême, succès, progrès, etc.*

D. *Combien y a-t-il d'accens ?*

R. Il y en a trois, qui sont, l'accent aigu ('), l'accent grave (`), et l'accent circonflexe (ˆ).

D. *Quel est l'usage de l'accent aigu ?*

R. On le met sur les *é* fermés, soit au commencement, soit au milieu, soit à la fin des mots, comme dans *vérité, témérité, les amitiés, les procédés,* etc.

D. *Quel est l'usage de l'accent grave ?*

R. On le met principalement sur les *è* ouverts, lorsqu'ils se trouvent à la fin des mots, et qu'ils sont suivis d'un *s,* comme dans *après, procès, accès, très, près,* etc.

D. *Quel est l'usage de l'accent circonflexe ?*

R. On ne le met que sur des voyelles longues.

D. *Qu'est-ce que les voyelles longues ?*

R. Ce sont des voyelles sur lesquelles on appuie plus long-temps que sur les autres en les prononçant.

D. *Comment appelle t-on les voyelles qui ne sont pas longues ?*

R. On les appelle *brèves.*

D. *Donnez-moi dans quelques mots, des exemples de voyelles longues et brèves.*

R. A est long dans un *mâle,* et il est bref dans une *malle.*

E est long dans *tempête,* et il est bref dans *trompette.*

I est long dans *gîte,* et il est bref dans *petite.*

O Est long dans *apôtre,* et il est bref dans *dévote.*

U est long dans *flûte,* et il est bref dans une *butte.*

D. *Qu'y a-t-il à observer sur la lèttre* h ?

R. Elle est aspirée ou non aspirée.

D. *Qu'est-ce que l'*h *aspirée ?*

R. C'est celle qui fait prononcer avec aspiration, c'est-à-dire, du gosier, la voyelle dont elle est suivie, comme dans *le héros, la hauteur, la haine,* etc.

D. *Qu'est-ce que l'h non aspirée ?*

R. C'est celle qui n'ajoute rien à la prononciation de la voyelle suivante, comme dans l'homme, l'honneur, qui se prononcent comme s'il n'y avait que l'omme, l'onneur.

D. *Quel est l'usage de l'y grec ?*

R. On l'emploie le plus ordinairement pour exprimer deux *ii*, comme dans *essayer, envoyer, moyen*, qui se prononcent comme s'il y avait *essai-ier, envoi-ier, moi-ien.*

D. *De combien de sortes de mots se sert-on pour parler ?*

R. De neuf, que l'on appelle *les neuf parties du discours* ou de l'oraison.

D. *Quelles sont ces neuf parties du discours ?*

R. *Le Nom, l'Article, le Pronom, le Verbe, le Participe, l'Adverbe, la Préposition, la Conjonction, l'Interjection.*

CHAPITRE. II.

Du Genre, du Nombre et du Cas.

D. **C**ombien y a-t il de genres ?

R. Deux : le masculin et le féminin.

D. *Comment les connaît-on ?*

R. Quand on peut mettre *le* ou *un* avant un mot, il est masculin. Ainsi *père* est masculin, parce qu'on peut dire, *le père* ou *un père.*

Quand on peut mettre *la* ou *une* avant un mot, il est féminin. Ainsi, *mère* est féminin, parce qu'on peut dire, *la mère* ou *une mère.*

D. *Combien y a-t il de Nombres?*

R. Deux; savoir : le *singulier*, quand on ne parle que d'une seule chose, et le *pluriel*, quand on parle de plusieurs.

D. *Apportez-en quelques exemples ?*

R. *Un homme* est au singulier ; *des hommes* sont au pluriel. *Le livre* est au singulier ; *les livres* sont au pluriel. *La table* est au singulier ; *les tables* sont au pluriel.

D. *Combien y a-t-il de cas ?*

R. Six : *le Nominatif, le Génitif, le Datif, l'Accusatif, le Vocatif, l'Ablatif.*

D. *A quelles parties du discours conviennent les genres, les nombres et les cas ?*

R. Aux noms, aux articles, aux pronoms et aux participes.

CHAPITRE III.
Du Nom.

D. Qu'est-ce qu'un Nom ?

R. C'est un mot qui sert à nommer ou à qualifier quelque chose.

D. *Combien y a-t-il de sortes de Noms ?*

R. Deux : le Nom substantif et le Nom adjectif.

D. *Qu'est-ce que le Nom substantif ?*

R. C'est celui qui signifie simplement la chose, et qui subsiste de lui-même dans le discours, comme *ciel, terre, arbre,* etc.

D. *Qu'est ce qu'un Nom adjectif ?*

R. C'est celui qui sert à qualifier la chose, c'est-à-dire, qui en exprime quelque qualité, ou qui marque de quelle façon elle est, comme *rouge, aimable, généreux,* etc.

D. *Quelle différence y a-t-il donc entre un nom substantif et un nom adjectif ?*

R. Un nom substantif n'a pas besoin d'être joint à un autre nom, pour être entendu. Ainsi on entend bien ce que veut dire, *habit, enfant, sœur,* etc.

Mais un nom adjectif suppose toujours un substantif, auquel il se rapporte, et sans lequel il ne peut être entendu. Ainsi *rouge*, *aimable*, *généreux*, ne s'entendent clairement que quand on y joint des noms substantifs : comme quand on dit, *un habit rouge*, *un enfant aimable*, *un cœur généreux*.

D. *Donnez-moi une règle pour distinguer un nom substantif d'avec un nom adjectif ?*

R. Un nom est substantif quand on ne peut y joindre ni le mot *chose*, ni le mot *personne*, et il est adjectif quand on peut y joindre l'un ou l'autre de ces deux mots.

D. *Appliquez cette règle à quelques noms.*

R. *Table*, *livre*, sont des noms substantifs; parce que je ne puis pas dire, *chose table*, *chose livre*, ni *personne table*, *personne livre*; mais *agréable*, *habile*, sont des noms adjectifs, parce que je puis dire, *chose agréable*, *une personne habile*.

D. *Combien y a-t-il de sortes de noms substantifs ?*

R. Il y en a de deux sortes, *les noms communs* et *les noms propres*.

D. *Qu'est-ce que les noms communs ?*

R. Ce sont ceux qui conviennent à plusieurs choses semblables, comme les noms d'*Ange*, d'*homme* et de *cheval*, qui conviennent à tous les anges, à tous les hommes et à tous les chevaux.

D. *Qu'est-ce que les noms propres ?*

R. Ce sont ceux qui ne conviennent qu'à une seule chose, comme les noms de *Cicéron* et de *Paris*, qui ne conviennent qu'à un seul homme et à une seule ville.

D. *Qu'est-ce que les noms de nombre ?*

R. Ce sont les noms adjectifs dont on se sert pour compter.

D. *Combien y en a t il de sortes ?*

R. Il y en a de deux sortes, *les noms de nombres absolus, et les noms de nombres ordinaux.*

D. *Quels sont les noms de nombres absolus ?*

R. Ce sont *un* ou *une*, *deux*, *trois*, *quatre*, *cinq*, *six*, *sept*, *huit*, *neuf*, *dix*, *onze*, *douze*, *treize*, *quatorze*, *quinze*, *seize*, *dix-sept*, *dix-huit*, *dix neuf*, *vingt*, *trente*, *quarante*, *cinquante*, *soixante*, *soixante et dix*, *quatre-vingt*, *quatre-vingt-dix*, *cent*, *deux cents*, *mille*, *deux mille*, etc.

D. *Quels sont les noms de nombres ordinaux ?*

R. Ce sont, *le premier* ou *la première*, *le second* ou *la seconde*, *le troisième* ou *la troisième*, *le quatrième*, *le cinquième*, *le sixième*, *le septième*, *le huitième*, *le neuvième*, *le dixième*, etc.

D. *Comment connaît-on le genre des noms ?*

R. Les noms avant lesquels on peut mettre *le* ou *un*, sont masculins ; et les noms avant lesquels on peut mettre *la* ou *une*, sont féminins. Ainsi *château* est du masculin, parce qu'on peut dire *le château* ou *un château* ; et *porte* est du féminin, parce qu'on peut dire *la porte* ou *une porte*.

D. *Peut-on mettre* le *ou* la *avant les noms qui commencent par une voyelle ou par un* h *non aspirée ?*

R. Non : car on ne dit pas *le oiseau*, *la espérance*, *le homme*, *la humeur* ; mais *l'oiseau*, *l'espérance*, *l'homme*, *l'humeur*.

D. *Que fait-on pour connaître le genre de ces noms ?*

R. On y ajoute un nom adjectif qui commence par une consonne, comme *bon, beau* ou *grand.* Ainsi, en disant, *le bel oiseau*, *la bonne espérance*, *le grand homme*, *la belle humeur*, on connaît qu'*oiseau* et *homme* sont du masculin, et *espérance* et *humeur* du féminin.

D. *Quels genres conviennent aux noms subs-*
tantifs et adjectifs ?

R. Le nom substantif n'est ordinairement que
d'un genre, du masculin ou du féminin ; mais
le nom adjectif est toujours des deux. Ainsi on
dit bien, *le bon, la bonne* ; mais on ne dit pas
le mère, la père. Il faut dire seulement, *le père*.
On dit, *la chambre*, et non *le chambre*.

D. *Ne connaît-on le genre des noms que par* le
et la, *ou par* un *et* une ?

R. On ne connaît que par ces mots le genre
des noms substantifs ; mais le genre de noms
adjectifs se connaît encore par la différence de
leurs terminaisons, c'est-à-dire, de leurs dernières lettres. Par exemple, l'adjectif *bon* fait
bonne au féminin ; *beau* fait *belle*, etc.

D. *N'y a-t-il pas quelques règles pour connaî-*
tre quelles sont les terminaisons des noms adjec-
tifs, par rapport aux deux genres ?

R. Oui : il y en a deux générales.

I. Tous les noms adjectifs terminés au masculin par un *e* muet, ne changent pas de terminaison au féminin. Ainsi, *honnête* et *fidèle*
font au féminin *honnête* et *fidèle* : et on dit, *un*
honnête homme, une honnête femme, un homme
fidèle, une femme fidèle.

II. Les autres noms adjectifs qui ne sont pas
terminés au masculin par un *e* muet, en prennent un au féminin. Ainsi, *grand* fait au féminin
grande ; *charmant*, fait *charmante*, et on dit, *un*
grand palais, une grande chambre, un jardin
charmant, une fleur charmante.

D. *Ces deux règles générales n'ont-elles pas*
d'exception ?

R. La première n'en souffre pas ; mais il y
en a quelques-unes pour la seconde.

D. *Comment connaît-on qu'un nom est au singulier ou au pluriel?*

R. Un nom est au singulier quand il n'exprime qu'une seule chose, et qu'il est ou qu'il peut être précédé de *le* ou de *la*, comme *le château*, *la porte.*

Un nom est au pluriel quand il exprime plusieurs choses, et qu'il est ou qu'il peut être précédé de *les*, comme *les châteaux*, *les portes.*

D. *N'y a-t-il pas encore une autre manière de distinguer les nombres des noms?*

R. Oui : la plupart des noms, tant substantifs qu'adjectifs, ont de terminaisons différentes au singulier et au pluriel.

D. *Donnez-moi une règle générale pour cette différence de terminaison.*

R. Quand un nom n'est pas terminé par un *s* au singulier, il faut y en ajouter une au pluriel; comme *le père*, *les pères*; *la maison*, *les maisons*; *le livre utile*, *les livres utiles*; *la bonté*, *les bontés*; *l'amitié*, *les amitiés*, etc.

D. *Y a-t-il des exceptions à cette règle?*

R. Il y en a trois principales.

I. Les noms terminés au singulier par *au*, *eu*, *ou*, prennent une *x* au pluriel; comme *le bateau*, *les bateaux*; *le feu*, *les feux*; *le caillou*, *les cailloux.*

II. La plupart des noms terminés au singulier par *al* et *ail*, font leur pluriel en *aux*; comme *le cheval*, *les chevaux*; *le travail*, *les travaux.*

III. Les noms terminés au singulier par *s*, *z*, ou *x*, gardent ces lettres au pluriel; comme *le fils*, *les fils*; *le nez*, *les nez*; *la voix*, *les voix.*

Des Degrés de comparaison.

D. *A quels noms conviennent les degrés de comparaison?*

R. Aux seuls noms adjectifs.

D. *Combien y a t il de degrés de comparaison ?*

R. Trois, *le positif, le comparatif* et *le superlatif.*

D. *Comment exprime-t-on le positif ?*

R. Par l'adjectif simplement, sans y rien ajouter. Ainsi *beau, grand, habile,* sont des adjectifs positifs.

D. *Combien y a-t-il de sortes de comparatifs ?*

R. Il y en a de trois sortes.

I. *Le comparatif d'égalité,* qui se forme en mettant les mots *autant, aussi,* ou *si,* avant les adjectifs; comme quand on dit: *vous êtes* AUTANT *habile,* ou AUSSI *habile que votre frère.*

II. *Le comparatif d'excès,* qui se forme en mettant le mot *plus* avec les adjectifs; comme quand on dit: *l'histoire est* PLUS *utile que la musique.*

III. *Le comparatif de défaut,* qui se forme en mettant le mot *moins* avec les adjectifs; comme quand on dit : *Alexandre était* MOINS *prudent que César.*

D. *N'y a-t-il pas quelques comparatifs qui s'expriment en français par un seul mot ?*

R. Oui: ce sont les adjectifs *meilleur, pire* ou *pis* et *moindre,* qui signifient la même chose que *plus bon, plus mauvais, plus petit.*

D. *Combien y a-t-il de sortes de superlatifs ?*

R. Il y en a de deux sortes, *le superlatif absolu* et *le superlatif relatif.*

D. *Comment se forment ils ?*

I. *Le superlatif absolu* se forme en mettant *très* ou *fort* avant les noms adjectifs ; comme quand on dit: *Cicéron était* TRÈS-*éloquent. Votre procédé est* FORT *honnête.*

II. *Le superlatif relatif* se forme en mettant *le plus, du plus, au plus,* ou *la plus, de la plus, à la plus*

, avant les noms adjectifs: comme quand on

Alexandre était LE PLUS brave des hommes.

œur est LA PLUS heureuse des femmes.

~~~~~~~~~~~~~~~~~~~~~~~~~~~~~~~~~~~~~~~

CHAPITRE IV.

Des Articles.

Qu'est-ce que les Articles?

. Ce sont des petits mots qui se mettent avant

noms, et qui en font ordinairement connaî-

le genre, le nombre et le cas.

). Combien y a-t-il de sortes d'Articles?

. Il y en a de quatre sortes, *les articles dé-*

, les articles indéfinis, les articles partitifs,

article un, une.

). Quels sont les articles définis?

. Ce sont:

e, la, les, du, de la, des, au, à la, aux.

). Comment connait-on par le moyen de ces

cles, le genre et le nombre des noms?

. En ce que *le, du, au,* se mettent avant

noms masculins au singulier; *la, de la, à la,*

t les noms féminins au singulier; et *les, des*

, avant les noms des deux genres au pluriel.

). Comment ces mêmes articles font-ils connaî-

les cas des noms?

.. En ce qu'un nom est au nominatif ou à l'ac-

atif, quand il est précédé de *le, la,* ou *les;*

est au génitif ou à l'ablatif, quand il est pré-

de *du, de la,* ou *des;* et qu'il est au datif,

d il est précédé de *au, à la,* ou *aux.*

. On ne met donc pas d'article avant les noms

ocatif?

Non, mais quelquefois la lettre *ó*, comme,

nce, ó table.

D. *Ces articles définis se mettent-ils avant tou-*
tes sortes de noms ?

R. *Le, du, au,* et *la, de la, à la,* ne se
mettent qu'avant les noms masculins ou féminins
qui commencent par une consonne ou par une
h aspirée, comme *le prince, du prince, au prince;*
le héros, du héros, au héros; la table, de la ta-
ble, à la table; la haine, de la haine, à la haine.

Mais avant les noms masculins et féminins au
singulier, qui commencent par une voyelle ou
par une *h* non aspirée, on met une *l* avec l'apostrophe (') pour le nominatif et l'accusatif, en y
ajoutant *de* pour le génitif et l'ablatif, et *à* pour
le datif. Ainsi, au lieu de dire, *le amour, la*
âme, le honneur, on dit : *l'amour, l'âme, l'hon-*
neur; de l'amour, de l'âme, de l'honneur; à l'a-
mour; à l'âme, à l'honneur.

Les, des, aux, se mettent avant toutes sortes
de noms au pluriel, par quelque lettre qu'ils
commencent.

D. *Qu'entendez-vous par décliner un nom ?*

R. J'entends réciter un nom avec les articles.

D. *Déclinez avec l'article défini un nom mas-*
culin qui commence par une consonne.

R. SINGULIER.		PLURIEL.	
Nominat.	*le* Prince.	Nominat.	*les* Princes.
Génit.	*du* Prince.	Génit.	*des* Princes.
Dat.	*au* Prince.	Dat.	*aux* Princes.
Accusat.	*le* Prince.	Accusat.	*les* Princes.
Vocat.	*ô* Prince.	Vocat.	*ô* Princes.
Ablat.	*du* Prince.	Ablat.	*des* Princes.

D. *Déclinez avec le même article un nom fémi-*
nin qui commence par une consonne.

R. SINGULIER.

Nominat.	*la* Table.	Accusat.	*la* Table.
Génit.	*de la* Table.	Vocat.	*ô* Table.
Dat.	*à la* Table.	Ablat.	*de la* Table.

PLURIEL.

Nominat.	*les* Tables.	Accusat.	*les* Tables.
Génit.	*des* Tables.	Vocat.	*ô* Tables.
Dat.	*aux* Tables.	Ablat.	*des* Tables.

D. *Déclinez un nom masculin qui commence par une voyelle.*

R. SINGULIER.		PLURIEL.	
Nominat.	*l'*Amour.	Nominat.	*les* Amours.
Génit.	*de l'*Amour.	Génit.	*des* Amours.
Dat.	*à l'*Amour.	Dat.	*aux* Amours.
Accusat.	*l'*Amour.	Accusat.	*les* Amours.
Voc.	*ô* Amour.	Vocat.	*ô* Amours.
Ablat.	*de l'*Amour.	Ablat.	*des* Amours.

D. *Déclinez un nom féminin qui commence par une voyelle.*

R. SINGULIER.		PLURIEL.	
Nominat.	*l'*Ame.	Nominat.	*les* Ames.
Génit.	*de l'*Ame.	Génit.	*des* Ames.
Dat.	*à l'*Ame.	Dat.	*aux* Ames.
Accusat.	*l'*Ame.	Accusat.	*les* Ames.
Vocat.	*ô* Ame.	Vocat.	*ô* Ames.
Ablat.	*de l'*Ame.	Ablat.	*des* Ames.

D. *Déclinez un nom masculin qui commence par une h non aspirée.*

R. SINGULIER.		PLURIEL.	
Nominat.	*l'*Honneur.	Nominat.	*les* Honneurs.
Génit.	*de l'*Honneur.	Génit.	*des* Honneurs.
Dat.	*à l'*Honneur.	Dat.	*aux* Honneurs.
Accusat.	*l'*Honneur.	Accusat.	*les* Honneurs.
Vocat	*ô* Honneur.	Vocat.	*ô* Honneurs.
Ablat.	*de l'*Honneur.	Ablat.	*des* Honneurs.

Les noms féminins commençant par un *h* non aspirée, se déclinent comme l'*honneur*.

D. *Quels sont les articles indéfinis ?*

R. Ce sont *de* et *à*, lorsqu'ils sont seuls avant les noms, comme *de Dieu, à Dieu.*

D. *Ces articles font-ils connaître le genre et le nombre des noms ?*

R. Non, parce qu'ils se mettent également avant les noms masculins et féminins, singuliers et pluriels.

D. *De quels cas sont-ils la marque ?*

R. *De* est la marque du génitif ou de l'ablatif, et *à* est la marque du datif.

D. *Que fait-on quand de est avant un nom qui commence par une voyelle ou par une h non aspirée?*

R. On en supprime la voyelle *e*, à la place de laquelle on met l'apostrophe (*'*). Ainsi, au lieu de dire: *une somme de argent, un livre de histoire;* on dit: *une somme d'argent, un livre d'histoire.*

D. *Déclinez avec ces articles un nom masculin qui commence par une consonne.*

R. SINGULIER.

Nominat.	Dieu.	Accusat.	Dieu.
Génit.	de Dieu.	Vocat.	ô Dieu.
Dat.	à Dieu.	Ablat.	de Dieu.

D. *Déclinez avec ces mêmes articles un nom féminin qui commence par une consonne.*

R. SINGULIER.

Nominat.	Rome.	Accusat.	Rome.
Génit.	de Rome.	Vocat.	ô Rome.
Dat.	à Rome.	Ablat.	de Rome.

D. *Déclinez des noms qui commencent par une voyelle ou par une h non aspirée.*

R. SINGULIER.

Nominat.	Antoine.	Accusat.	Antoine.
Génit.	d'Antoine.	Vocat.	ô Antoine.
Dat.	à Antoine.	Ablat.	d'Antoine.

AUTRE SINGULIER.

Nominat.	Angélique.	Accusat.	Angélique.
Génit.	d'Angélique.	Vocat.	ô Angélique.
Dat.	à Angélique.	Ablat.	d'Angélique.

AUTRE SINGULIER.

Nominat.	Hercule.	Accusat.	Hercule.
Génit.	d'Hercule.	Vocat.	ô Hercule.
Dat.	à Hercule.	Ablat.	d'Hercule.

D. *Quels sont les articles partitifs ?*

R. Ce sont les génitifs des articles définis et indéfinis, c'est-à-dire, *du*, *de la*, *de l'*, *des* et *de*, lorsqu'ils sont employés comme nominatifs ou accusatifs.

Le génitif ou l'ablatif de ces articles est simplement *de*

Leur datif est, *à du*, *à de la*, *à de l'*, *à des* et *à de*.

D. *Déclinez des noms avec les articles partitifs.*

R. Nom du masculin.

SINGULIER.		PLURIEL.	
Nominat.	*du* Pain.	Nominat.	*des* Pains.
Génit.	*de* Pain.	Génit.	*de* Pains.
Dat.	*à du* Pain.	Dat.	*à des* Pains.
Accusat.	*du* Pain.	Accusat.	*des* Pains.
Vocat.		Vocat.	
Ablat.	*de* Pain.	Ablat.	*de* Pains.

Autre du féminin.

SINGULIER.		PLURIEL.	
Nominat.	*de la* Viande.	Nominat.	*des* Viandes.
Génit.	*de* Viande.	Génit.	*de* Viandes.
Dat.	*à de la* Viande.	Dat.	*à des* Viandes.
Accusat.	*de la* Viande.	Accusat.	*des* Viandes.
Vocat.		Vocat.	
Ablat.	*de* Viande.	Ablat.	*de* Viandes.

Autre du masculin, commençant par une voyelle.

SINGULIER.		PLURIEL.	
Nominat.	*de l'*Esprit.	Nominat.	*des* Esprits.
Génit.	*d'*Esprit.	Génit.	*d'*Esprits.
Dat.	*à de l'*Esprit.	Dat.	*à des* Esprits.
Accusat.	*de l'*Esprit.	Accusat.	*des* Esprits.
Vocat.		Vocat.	
Ablat.	*d'*Esprit.	Ablat.	*d'*Esprits.

Autre du féminin, commençant par une voyelle.

SINGULIER.			
Nominat.	*de l'*Eau.	Accusat.	*de l'*Eau.
Génit.	*d'*Eau.	Vocat.	
Dat.	*à de l'*Eau.	Ablat.	*d'*Eau.

PLURIEL.

Nominat.	*des* Eaux.	Accusat.	*des* Eaux.
Génit.	*d'*Eaux.	Vocat.	
Dat.	*à des* Eaux.	Ablat.	*d'*Eaux.

Autre du masculin, commençant par une *h* non aspirée.

SINGULIER.		PLURIEL.	
Nominat.	*de l'*Honneur.	Nominat.	*des* Honneurs.
Génit.	*d'*Honneur.	Génit.	*d'*Honneurs.
Dat.	*à de l'*Honneur.	Dat.	*à des* Honneurs.
Accusat.	*de l'*Honneur.	Accusat.	*des* Honneurs.
Vocat.		Vocat.	
Ablat.	*d'*Honneur.	Ablat.	*d'*Honneurs.

Autres noms du masculin et du féminin avec l'article partitif *de.*

SINGULIER.

Nominat.	*de* bon Pain.		*de* bonne Viande.
Génit.	*de* bon Pain.		*de* bonne Viande.
Dat.	*à de* bon Pain.		*à de* bonne Viande.
Accusat.	*de* bon Pain.		*de* bonne Viande.
Vocat.			
Ablat.	*de* bon Pain.		*de* bonne Viande.

PLURIEL.

Nominat.	*de* bons Pains.		*de* bonnes Viandes.
Génit.	*de* bons Pains.		*de* bonnes Viandes.
Dat.	*à de* bons Pains.		*à de* bonnes Viandes.
Accusat.	*de* bons Pains.		*de* bonnes Viandes.
Vocat.			
Ablat.	*de* bons Pains.		*de* bonnes Viandes.

Autres avec l'article *un, une.*

SINGULIER.

Nominat.	*un* Homme.		*une* Femme.
Génit.	*d'un* Homme.		*d'une* Femme.
Dat.	*à un* Homme.		*à une* Femme.
Accusat.	*un* Homme.		*une* Femme.
Vocat.			
Ablat.	*d'un* Homme.		*d'une* Femme.

PLURIEL.

Nominat.	*des* Hommes.		*des* Femmes.
Génit.	*d'*Hommes.		*de* Femmes.

Dat.	à des Hommes.	à des Femmes.
Accusat.	des Hommes.	des Femmes.
Vocat.		
Ablat.	d'Hommes.	de Femmes.

CHAPITRE V.

Du Pronom.

D. *Qu'est-ce qu'un pronom ?*

R. C'est un mot qui tient ordinairement la place du nom.

D. *Combien y a-t-il de sortes de pronoms ?*

R. Il y en a de sept sortes ; savoir : *Pronoms personnels, Pronoms conjonctifs, Pronoms possessifs, Pronoms démonstratifs, Pronoms relatifs, Pronoms absolus, Pronoms indéfinis.*

ARTICLE PREMIER.

Des Pronoms personnels.

D. *Qu'est-ce que les pronoms personnels ?*

R. Ce sont ceux qui marquent directement les personnes, ou qui en tiennent la place.

D. *Combien y a-t-il de personnes ?*

R. Trois.

La première est celle qui parle.

La seconde est celle à qui on parle.

La troisième est celle de qui on parle.

D. *Quels sont les pronoms de chacune de ces trois personnes ?*

R. Les pronoms de la première personne sont :

Je et *moi*, pour le singulier ; et *nous*, pour le pluriel.

Ils sont des deux genres.

Les pronoms de la seconde personne sont :

Tu et *toi*, pour le singulier ; et *vous*, pour le pluriel.

Ils sont aussi des deux genres.

Les pronoms de la troisième personne sont :

Il et *lui*, pour le singulier } masculin.
Ils et *eux*, pour le pluriel }

Elle, pour le singulier } féminin.
Elles, pour le pluriel }

D. *Comment se déclinent ces pronoms ?*

R. Ils se déclinent avec l'article indéfini:

D. *Déclinez-les de suite.*

R. Pronoms de la première personne.

SINGULIER.		PLURIEL.	
Nominat.	Je *ou* Moi.	Nominat.	Nous.
Génit.	de Moi.	Génit.	de Nous.
Dat.	à Moi.	Dat.	à Nous.
Accusat.	Moi.	Accusat.	Nous.
Vocat.		Vocat.	
Ablat.	de Moi.	Ablat.	de Nous.

Pronoms de la seconde personne.

SINGULIER.		PLURIEL.	
Nominat.	Tu *ou* Toi.	Nominat.	Vous
Génit.	de Toi.	Génit.	de Vous.
Dat.	à Toi.	Dat.	à Vous.
Accusat.	Toi.	Accusat.	Vous.
Vocat.	ô Toi.	Vocat.	ô Vous.
Ablat.	de Toi.	Ablat.	de Vous.

Pronoms de la troisième personne, pour le masculin.

SINGULIER.		PLURIEL.	
Nominat.	Il *ou* Lui.	Nominat.	Ils *ou* Eux.
Génit.	de Lui.	Génit.	d'Eux.
Dat.	à Lui.	Dat.	à Eux.
Accusat.	Lui.	Accusat.	Eux.
Vocat.		Vocat.	
Ablat.	de Lui.	Ablat.	d'Eux.

Pronoms de la troisième personne, pour le féminin.

SINGULIER.		PLURIEL.	
Nominat.	Elle.	Nominat.	Elles.
Génit.	d'Elle.	Génit.	d'Elles.
Dat.	à Elle.	Dat.	à Elles.
Accusat.	Elle.	Accusat.	Elles.
Vocat.		Vocat.	
Ablat.	d'Elle.	Ablat.	d'Elles.

D. *N'y a-t-il pas d'autres pronoms personnels ?*

R. Il y en a encore deux de la troisième personne, savoir: le pronom réciproque *Soi*, et le pronom général *On.*

D. *Comment se décline le pronom réciproque* Soi?

R. Il se décline comme les autres, excepté qu'il n'a pas de nominatif.

D. *Déclinez-le.*

R. SINGULIER.

Nominat.	
Génit.	de Soi.
Dat.	à Soi.
Accusat.	Soi.
Vocat.	
Ablat.	de Soi.

PLURIEL.

Nominat.		
Génit.	d'Eux-mêmes.	ou d'Elles-mêmes.
Dat.	à Eux-mêmes.	ou à Elles-mêmes.
Accusat.	Eux-mêmes.	ou Elles-mêmes.
Vocat.		
Ablat.	d'Eux-mêmes.	ou d'Elles-mêmes.

D. *Qu'est-ce que le pronom en général* On ?

R. C'est un pronom qui marque une espèce de troisième personne générale et indéterminée: comme quand je dis, *on étudie*, *on joue*, *on mange*; c'est comme si je disais, d'une manière générale, *les hommes étudient*, *les hommes jouent*, *les hommes mangent.*

L'on se met souvent à la place de *on*, et on dit également, *l'on étudie*, *l'on joue*, *l'on mange*.

D. *Ce pronom se décline-t-il ?*

R. Non : mais il est toujours regardé comme un nominatif singulier masculin.

ARTICLE II.

Des Pronoms conjonctifs.

D. *QU'est-ce que les pronoms conjonctifs ?*

R. Ce sont des pronoms qui se mettent ordinairement pour les cas des pronoms personnels.

D. *Combien y a-t-il de sortes de pronoms conjonctifs ?*

R. Il y en a autant de sortes qu'il y a de personnes, c'est-à-dire, trois sortes.

D. *Distinguez-les par rapport aux trois personnes ?*

R. Les pronoms conjonctifs de la première personne sont :

Me, pour le singulier, et

Nous, pour le pluriel.

Ceux de la seconde personne sont :

Te, pour le singulier, et

Vous, pour le pluriel.

Ceux de la troisième personne sont :

Lui, *le*, *la*, pour le singulier.

Les, *leur*, pour le pluriel.

Se, pour le singulier et le pluriel.

Il y en a deux qui conviennent aux trois personnes ; savoir :

En et *y*, pour le singulier et le pluriel.

D. *De quel genre sont tous ces pronoms ?*

R. Ils sont des deux genres à l'exception de *le*, qui n'est que pour le masculin, et de *la*, qui n'est que pour le féminin.

D. *Ces pronoms se déclinent-ils ?*

R. Non: en ce que l'on n'y joint aucun article.

D. *Expliquez-moi comment ces pronoms con-jonctifs se mettent pour les cas des pronoms personnels ?*

R. I. Il y en a cinq qui se mettent pour les datifs ou accusatifs des pronoms personnels. Ce sont *me*, *nous*, *te*, *vous* et *se*.

Me, pour *à moi* ou *moi* : *vous* ME *donnez un livre* : *vous* ME *regardez*, c'est-à-dire, *vous donnez un livre à* MOI : *vous regardez* MOI.

Nous pour *à nous* ou *nous. Le Roi* NOUS *accorde une grâce* : *le Ciel* NOUS *favorise*, c'est-à-dire, *le Roi accorde une grâce à* NOUS : *le Ciel favorise* NOUS.

Te, pour *à toi* ou *toi. Ton maître* TE *donnera une récompense* : *ton maître* TE *punira*, c'est-à-dire, *ton maître donnera une récompense à* TOI: *ton maître punira* TOI.

Vous, pour *à vous* ou *vous. Je* VOUS *porterai de l'argent* ; *je* VOUS *estime*, c'est à-dire, *je porterai de l'argent* A VOUS : *j'estime* VOUS.

Se pour *à soi* ou *soi*, *à eux-mêmes*, *à elles-mêmes* ou *pour eux-mêmes*, *elles-mêmes. Pierre* SE *donne des louanges*: *les femmes doivent* s'*instruire*, c'est-à-dire, *Pierre donne des louanges à* SOI, *les femmes doivent instruire* ELLES-MÊMES.

II. Il y en a trois qui ne se mettent que pour le datif ; savoir : *lui* et *leur*, pour le datif des pronoms personnels, et *y*, pour le datif de quelque nom.

Lui, pour *à lui* ou *à elle. Je* LUI *dois du respect*, c'est-à dire, *je dois du respect à* LUI *ou à* ELLE.

Leur, pour *à eux* ou *à elles. Je* LEUR *fais grâce*, c'est-à-dire, *je fais grâce à* EUX *ou à* ELLES.

Y, pour *à cette chose* ou *à ces choses. Je m'y applique*, c'est-à dire, *je m'applique à* CETTE CHOSE ou *à* CES CHOSES.

III. Il y en a trois qui ne se mettent que pour l'accusatif des pronoms personnels ou de quelques noms. Ce sont, *le, la, les.*

LE, pour *lui* ou *cela. Je* LE *connais : vous* LE *savez*, c'est-à-dire, *je connais* LUI: *vous savez* CELA.

LA, pour *elle* ou *cette chose. Je* LA *flatte : nous* LA *considérons*, c'est-à-dire, *je flatte* ELLE : *nous considérons* CETTE CHOSE.

LES, pour *eux* ou *elles*, ou *ces choses. Je* LES *aime : il faut* LES *rendre*, c'est-à-dire, *j'aime* EUX ou ELLES : *il faut rendre* CES CHOSES.

IV. Il y en a un; savoir : *en*, qui tient lieu du génitif ou de l'ablatif de tous les pronoms personnels ou de quelque nom. Ainsi, *j'*EN *parle* peut signifier *je parle* DE MOI, DE NOUS, DE TOI, DE VOUS, DE LUI, D'ELLE, D'EUX, D'ELLES, DE CELA, DE CETTE CHOSE ou DE CES CHOSES.

~~~~~~

ARTICLE III.
Des Pronoms possessifs.

D. *Qu'est-ce que les pronoms possessifs ?*

R. Ce sont des pronoms qui marquent la possession, comme quand je dis, MON *habit*, VOTRE *chapeau*, SON *livre*, c'est-à-dire, *l'habit que je possède, le chapeau qui vous appartient, le livre qui est à lui.*

D. *Combien y a-t-il de sortes de pronoms possessifs.*

R. Il y en a de deux sortes : les pronoms possessifs absolus qui se joignent toujours à un nom substantif, comme *mon habit*; et les pronoms possessifs

possessifs relatifs, qui se rapportent à un nom déjà exprimé : comme, quand après avoir parlé d'habit, je dis : *le mien*, c'est-à-dire, *mon habit*.

D. *De quelle personne sont les pronoms possessifs, tant absolus que relatifs ?*

R. Il y en a pour les trois personnes, et ils se rapportent chacun à quelqu'un des pronoms personnels tant singuliers que pluriels.

D. *Quels sont les pronoms possessifs absolus, et à quels pronoms personnels se rapportent-ils ?*

R. Ce sont,

SINGULIER.			PLURIEL.
Masculin.	*Féminin.*		*Des deux genres.*
Mon,	ma,	mes,	*qui se rapportent à* Moi.
Ton,	ta,	tes,	*qui se rapportent à* Toi.
Son,	sa,	ses,	*qui se rapportent à* Lui.
			ou à *Elle.*
Notre,	notre,	nos	*qui se rapportent à* Nous.
Votre,	votre,	vos,	*qui se rapportent à* Vous.
Leur,	leur,	leurs,	*qui se rapportent à* Eux.
			ou à *Elles.*

D. *Quels sont les pronoms possessifs relatifs, et les pronoms personnels auxquels ils se rapportent ?*

R. Ce sont :

SINGULIER.		PLURIEL.		
Masc.	*Fém.*	*Masc.*	*Fém.*	
le mien,	la mienne ;	les miens,	les miennes.	*Moi.*
le tien,	la tienne ;	les tiens,	les tiennes.	*Toi.*
le sien,	la sienne ;	les siens,	les siennes.	*Lui.*
				ou *Elles.*
le nôtre,	la nôtre ;	les nôtres,	les nôtres.	*Nous.*
le vôtre,	la vôtre ;	les vôtres,	les vôtres.	*Vous.*
le leur,	la leur ;	les leurs,	les leurs.	*Eux.*
				ou *Elles.*

D. *Pourquoi ces mots sont-ils mis au rang des pronoms ?*

R. Parce qu'ils tiennent la place des pronoms personnels ou des noms au génitif. Ainsi ; *mon ouvrage, notre devoir, ton habit, votre maître,*

3

son cheval , leur Roi , signifient, l'ouvrage de moi, le devoir de nous, l'habit de toi , le maître de vous, le cheval de lui ou de Pierre, le Roi d'eux.

Il en est de même des pronoms possessifs relatifs.

D. *Pourquoi avez-vous mis un accent circonflexe sur* nôtre , vôtre, *possessifs relatifs, et que vous n'en avez pas mis sur* notre, votre, *possessifs absolus ?*

R. Parce que la voyelle ô dans *nôtre , vôtre,* possessifs relatifs, est toujours longue, et qu'elle est brève dans *notre , votre ,* possessifs absolus.

D. *Quels articles prennent les pronoms possessifs?*

R. Les possessifs absolus prennent l'article indéfini , et les possessifs relatifs prennent l'article défini.

D. *Déclinez les de suite , en joignant les masculins aux féminins, et pour vous exercer ajoutez-y des noms.* R. SINGULIER.

Masculin.		Féminin.
Nominat.	mon Livre.	ma Plume.
Génit.	de mon Livre.	de ma Plume.
Dat.	à mon Livre.	à ma Plume.
Accusat.	mon Livre.	ma Plume.
Vocat.	ô mon Livre.	ô ma Plume.
Ablat.	de mon Livre.	de ma Plume.

PLURIEL.

Nominat.	mes Livres.	mes Plumes.
Génit.	de mes Livres.	de mes Plumes.
Dat.	à mes Livres.	à mes Plumes.
Accusat.	mes Livres.	mes Plumes.
Vocat.	ô mes Livres.	ô mes Plumes.
Ablat.	de mes Livres.	de mes Plumes.

SINGULIER.

Nominat.	ton Ami.	ta Maison.
Génit.	de ton Ami.	de ta Maison.
Dat.	à ton Ami.	à ta Maison.
Accusat.	ton Ami.	ta Maison.
Vocat.		
Ablat.	de ton Ami.	de la Maison,

PLURIEL.

	Masculin.	Féminin.
Nominat.	*tes* Amis.	*tes* Maisons.
Génit.	*de tes* Amis.	*de tes* Maisons.
Dat.	*à tes* Amis.	*à tes* Maisons.
Accusat.	*tes* Amis.	*tes* Maisons.
Vocat.		
Ablat.	*de tes* Amis.	*de tes* Maisons.

SINGULIER.

Nominat.	*son* Cousin.	*sa* Cousine.
Génit.	*de son* Cousin.	*de sa* Cousine.
Dat.	*à son* Cousin.	*à sa* Cousine.
Accusat.	*son* Cousin.	*sa* Cousine.
Vocat.		
Ablat.	*de son* Cousin.	*de sa* Cousine.

PLURIEL.

Nominat.	*ses* Cousins.	*ses* Cousines.
Génit.	*de ses* Cousins.	*de ses* Cousines.
Dat.	*à ses* Cousins.	*à ses* Cousines.
Accusat.	*ses* Cousins.	*ses* Cousines.
Vocat.		
Ablat.	*de ses* Cousins.	*de ses* Cousines.

SINGULIER.

Nominat.	*notre* Frère.	*notre* Sœur.
Génit.	*de notre* Frère.	*de notre* Sœur.
Dat.	*à notre* Frère.	*à notre* Sœur.
Accusat.	*notre* Frère.	*notre* Sœur.
Vocat.	*ô notre* Frère.	*ô notre* Sœur.
Ablat.	*de notre* Frère.	*de notre* Sœur.

PLURIEL.

Nominat.	*nos* Frères.	*nos* Sœurs.
Génit.	*de nos* Frères.	*de nos* Sœurs.
Dat.	*à nos* Frères.	*à nos* Sœurs.
Accusat.	*nos* Frères.	*nos* Sœurs.
Vocat.	*ô nos* Frères.	*ô nos* Sœurs.
Ablat.	*de nos* Frères.	*de nos* Sœurs.

SINGULIER.

Nominat.	*votre* Lit.	*votre* Chambre.
Génit.	*de votre* Lit.	*de votre* Chambre.
Dat.	*à votre* Lit.	*à votre* Chambre.
Accusat.	*votre* Lit.	*votre* Chambre.
Vocat.		
Ablat.	*de votre* Lit.	*de votre* Chambre.

PLURIEL.

	Masculin.	Féminin.
Nominat.	vos Lits.	vos Chambres.
Génit.	de vos Lits.	de vos Chambres.
Dat.	à vos Lits.	à vos Chambres.
Accusat.	vos Lits.	vos Chambres.
Vocat.		
Ablat.	de vos Lits.	de vos Chambres.

SINGULIER.

Nominat.	leur Papier.	leur Table.
Génit.	de leur Papier.	de leur Table.
Dat.	à leur Papier.	à leur Table.
Accusat.	leur Papier.	leur Table.
Vocat.		
Ablat.	de leur Papier.	de leur Table.

PLURIEL.

Nominat.	leurs Papiers.	leurs Tables.
Génit.	de leurs Papiers.	de leurs Tables.
Dat.	à leurs Papiers.	à leurs Tables.
Accusat.	leurs Papiers.	leurs Tables.
Vocat.		
Ablat.	de leurs Papiers.	de leurs Tables.

SINGULIER.

Nominat.	le Mien.	la mienne.
Génit.	du Mien.	de la Mienne.
Dat.	au Mien.	à la Mienne.
Accusat.	le Mien.	la Mienne.
Vocat.		
Ablat.	du Mien.	de la Mienne.

PLURIEL.

Nominat.	les Miens.	les Miennes.
Génit.	des Miens.	des Miennes.
Dat.	aux Miens.	aux Miennes.
Accusat.	les miens.	les Miennes.
Vocat.		
Ablat.	des Miens.	des Miennes.

SINGULIER.

Nominat.	le Leur.	la Leur.
Génit.	du Leur.	de la Leur.
Dat.	au Leur.	à la Leur.
Accusat.	le Leur.	la Leur.
Vocat.		
Ablat.	du Leur	de la Leur.

PLURIEL.

	Masculin.		Féminin.
Nominat.	les Leurs.		les Leurs.
Génit.	des Leurs.		des Leurs.
Dat.	aux Leurs.		aux Leurs.
Accusat.	les Leurs.		les Leurs.
Vocat.			
Ablat.	des Leurs.		des Leurs.

Les autres pronoms possessifs relatifs se déclinent comme ces deux derniers.

D. Mon, ton, son, *au singulier, ne s'emploient-ils qu'avec les noms masculins?*

R. Ils s'emploient encore avec tous les noms féminins qui commencent par une voyelle ou par une *h* non aspirée. Ainsi, au lieu de dire, *ma ame, ta industrie, sa espérance,* on dit, *mon ame, son industrie, son espérance.*

ARTICLE IV.

Des Pronoms démonstratifs.

D. *Qu'est-ce que les Pronoms démonstratifs?*

R. Ce sont des pronoms qui servent à montrer quelque chose; comme quand je dis, *ce livre, cette table,* je montre un livre et une table.

D. *Quels sont ces pronoms?*

R. Ce sont,

Masc. SING.	Ce, cet.	PLUR.	Ces.
Fémin. —	Cette.	—	Ces.
Masc. —	Celui.	—	Celles.
Fémin. —	Celle.	—	Celles.
Masc. —	Celui-ci.	—	Ceux-ci.
Fémin. —	Celle-ci.	—	Celles-ci.
Masc. —	Celui-là.	—	Ceux-là.
Fémin. —	Celle-là.	—	Celles-là.

Masc. { Ceci.
        { Cela.

3 *

D. *Quand se sert-on de ce ou de cet ?*

R. On se sert de *ce* avant les noms masculins qui commencent par une consonne ou par une *h* aspirée ; comme *ce palais, ce héros* ; et on se sert de *cet*, avant les noms masculins qui commencent par une voyelle ou par une *h* non aspirée ; comme *cet oiseau, cet honneur.*

D. *Quelle différence y a-t-il entre* celui-ci, celle-ci, ceci, *et* celui-là, celle-là, cela ?

R. C'est qu'on emploie les pronoms *celui-ci, celle-ci, ceci*, pour montrer des choses présentes, et les pronoms *celui-là, celle-là ; cela*, pour montrer des choses plus éloignées.

D. *De quelle personne sont les pronoms démonstratifs ?*

R. Ils sont tous de la troisième personne.

D. *Quel article prennent-ils ?*

R. Ils prennent l'article indéfini.

D. *Déclinez-les en joignant des noms à ceux qui peuvent en souffrir ?*

R. **SINGULIER.**

Nominat.	*ce* Palais.	*cet* Oiseau.
Génit.	*de ce* Palais.	*de cet* Oiseau.
Dat.	*à ce* Palais.	*à cet* Oiseau.
Accusat.	*ce* Palais.	*cet* Oiseau.
Vocat.		
Ablat.	*de ce* Palais.	*de cet* Oiseau.

PLURIEL.

Nominat.	*ces* Palais.	*ces* Oiseaux.
Génit.	*de ces* Palais.	*de ces* Oiseaux.
Dat.	*à ces* Palais.	*à ces* Oiseaux.
Accusat.	*ces* Palais.	*ces* Oiseaux.
Vocat.		
Ablat.	*de ces* Palais.	*de ces* Oiseaux.

SINGULIER.

Nominat.	*cette* Femme.	Accusat.	*cette*	Femme.
Génit.	*de cette* Femme.	Vocat.		
Dat.	*à cette* Femme.	Ablat.	*de cette*	Femme.

PLURIEL.

Nominat.	*ces* Femmes.	Accusat.	*ces* Femmes.
Génit.	*de ces* Femmes.	Vocat.	
Dat.	*à ces* Femmes.	Ablat.	*de ces* Femmes.

SINGULIER.		PLURIEL.	
Nominat.	Celui, Celle.	Nominat.	Ceux, Celles.
Génit.	de Celui, de Celle.	Génit.	de Ceux, de Celles.
Dat.	à Celui, à Celle.	Dat.	à Ceux, à Celles.
Accusat.	Celui, Celle.	Accusat.	Ceux, Celles.
Vocat.		Vocat.	
Ablat.	de Celui, de Celle.	Ablat.	de Ceux, de Celles.

SINGULIER.

	Masc.	*Fémin.*
Nominat.	Celui-ci.	Celle-ci.
Génit.	de Celui-ci.	de Celle-ci.
Dat.	à Celui-ci.	à Celle-ci.
Accusat.	Celui-ci.	Celle-ci.
Vocat.		
Ablat.	de Celui-ci.	de Celle-ci.

PLURIEL.

Nominat.	Ceux-ci.	Celles-ci.
Génit.	de Ceux-ci.	de Celles-ci.
Dat.	à Ceux-ci.	à Celles-ci.
Accusat.	Ceux-ci.	Celles-ci.
Vocat.		
Ablat.	de Ceux-ci.	de Celles-ci.

SINGULIER.

Nominat.	Celui-là.	Celle-là.
Génit.	de Celui-là.	de Celle-là.
Dat.	à Celui-là.	à Celle-là.
Accusat.	Celui-là.	Celle-là.
Vocat.		
Ablat.	de Celui-là.	de Celle-là.

PLURIEL.

Nominat.	Ceux-là.	Celles-là.
Génit.	de Ceux-là.	de Celles-là.
Dat.	à Ceux-là.	à Celles-là.
Accusat.	Ceux-là	Celles-là.
Vocat.		
Ablat.	de Ceux-là.	de Celles-là.

SINGULIER

Nominat.	Ceci.	Cela.
Génit.	de Ceci.	de Cela.
Dat.	à Ceci.	à Cela.
Accusat.	Ceci.	Cela.
Vocat.		
Ablat.	de Ceci.	de Cela.

Ces deux Pronoms n'ont point de pluriel.

ARTICLE V.

Des Pronoms relatifs.

D. *Qu'est-ce que les pronoms relatifs?*

R. Ce sont des pronoms qui ont toujours rapport à un nom ou à un pronom qui les précède.

D. *Quels sont ces pronoms?*

R. Ce sont : .

Qui, que, quoi, dont, des deux genres.

Lequel, masculin.

Laquelle, féminin.

D. *Comment appelle-t-on le nom ou pronom auquel se rapporte le pronom relatif?*

R. On l'appelle *antécédent* du pronom relatif.

D. *Faites-moi connaître par quelques exemples, le rapport du pronom relatif avec son antécédent.*

R. Quand je dis, *Dieu* QUI *aime les hommes. L'argent* QUE *j'ai dépensé; qui* se rapporte à *Dieu; que* se rapporte à *l'argent :* et c'est comme si je disais : *Dieu* LEQUEL DIEU *aime les hommes. L'argent* LEQUEL ARGENT *j'ai dépensé.* Par conséquent *qui* et *que* sont des pronoms relatifs, dont *Dieu* et *l'argent* sont les antécédens.

D. *Quel article prennent les pronoms relatifs?*

R. Ils prennent l'article indéfini, excepté *lequel* et *laquelle,* qui ne font qu'un même mot avec l'article défini.

D. *Déclinez-les.*

R.   SINGULIER.

Nom.	Qui.	Acc.	. Qui *ou* Que.
Génit.	de Qui *ou* Dont.	Vocat.	
Dat.	à Qui.	Ablat.	de Qui *ou* Dont.

Le pluriel est comme le singulier.

SINGULIER.

Nom.	Quoi	Acc.	Quoi *ou* Que.
Génit.	de Quoi *ou* Dont.	Vocat.	
Dat.	à Quoi.	Abl.	de Quoi *ou* Dont.

Le pluriel est comme le singulier.

SINGULIER.		PLURIEL.	
Nom.	Lequel, Laquelle.	Nom.	Lesquels, Lesquelles.
Gén.	Duquel, de La-quelle ou Dont.	Génit.	Desquels, Des-quelles *ou* Dont.
Dat.	Auquel , à La-quelle	Dat.	Auxquels, Aux-quelles.
Acc.	Lequel, Laquelle, *ou* Qué.	Acc.	Lesquels, Lesquelles. *ou* Que.
Vocat.		Vocat.	
Abl.	Duquel, de La-quelle *ou* Dont.	Ablat.	Desquels , Des-quelles *ou* Dont.

D. *Dans quelles accasions* que *est-il pronom relatif?*

R. Quand on peut le tourner par *lequel* ou *laquelle*, *lesquels* ou *lesquelles.*

D. *En quel cas sont* que *et* dont?

R. *Que* ne s'emploie ordinairement qu'à l'accusatif du singulier ou du pluriel.

Dont exprime toujours un génitif ou un ablatif singulier ou pluriel.

ARTICLE VI.

Des Pronoms absolus.

D. *Q*Uels sont les pronoms absolus?

R. Ce sont :

Qui, des deux genres.

Que et *quoi*, du masculin.

Quel, masculin.

Quelle, Féminin.

Lequel, masculin.

Laquelle, féminin.

D. *Pourquoi ces pronoms sont-ils appelés ab-solus?*

R. Parce qu'ils n'ont pas d'antécédens, comme les pronoms relatifs.

D. *Comment s'emploient-ils dans le discours?*

R. Ils s'emploient avec interrogation ou sans interrogation.

D. *Donnez-moi des exemples où ils s'emploient avec interrogation.*

R. QUI *vous a accusé?* QUE *vous donnerai-je?* A QUOI *pensez-vous?* QUEL *livre lisez-vous?* QUELLE *réponse a-t-on faite?* LEQUEL *choisirons-nous?* LAQUELLE *avez-vous vue?*

D. *Donnez-moi des exemples où ces pronoms s'emploient sans interrogation?*

R. *Je sais* QUI *vous a accusé. Je ne sais* QUE *vous donner. Dites-moi* A QUOI *vous pensez. On demande* QUEL *livre vous lisez. Je devine* QUELLE *réponse on vous a faite. Conseillez-nous* LEQUEL *nous choisirons. J'ignore* LAQUELLE *vous avez vue.*

D. *Comment se déclinent les pronoms absolus?*

R. Ils se déclinent de la même manière que les pronoms relatifs, et *quel* se décline avec l'article indéfini.

SINGULIER.		PLURIEL.	
Nom.	Quel, Quelle.	Nom.	Quels, Quelles.
Génit.	de Quel, de Quelle.	Gén.	de Quels, de Quelles.
Dat.	à Quel, à Quelle.	Dat.	à Quels, à Quelles.
Acc.	Quel, Quelle.	Acc.	Quels, Quelles.
Vocat.		Vocat.	
Abl.	de Quel, de Quelle.	Abl.	de Quels, de Quelles.

D. *Quand le pronom* qui *est-il relatif ou absolu?*

R. *Qui* èst pronom relatif, quand on peut le tourner par *lequel* ou *laquelle*, au singulier ou au pluriel; comme quand on dit, *l'ennemi* QUI *vous a accusé. La grâce* QUI *sanctifie. Les maîtres de* QUI *vous dépendez. Les personnes à* QUI *j'ai parlé;* c'est-à-dire, *l'ennemi* LEQUEL *vous a accusé. La grâce* LAQUELLE *sanctifie. Les maîtres* DESQUELS *vous dépendez. Les personnes* AUX- QUELLES *j'ai parlé.*

Qui est pronom absolu, quand on peut le tourner par *quelle personne;* comme quand on dit QUI *vous a accusé?* ou *je sais* QUI *vous a accusé;* c'est-à-dire, QUELLE PERSONNE *vous a accusé;* ou *je sais* QUELLE PERSONNE *vous a accusé.*

D. *Quand les pronoms* que *ou* quoi *sont-ils relatifs ou absolus?*

R. *Que* et *quoi* sont pronoms relatifs, quand on peut les tourner par *lequel* ou *laquelle* au singulier ou au pluriel; comme quand on dit, *le prince* QUE *je sers. La langue* QUE *j'étudie. Les livres* QUE *je lis. Les sciences* QUE *j'aime. Les dangers à* QUOI *on s'expose;* c'est-à-dire, *le Prince* LEQUEL *je sers. La langue* LAQUELLE *j'étudie. Les livres* LESQUELS *je lis. Les sciences* LES- QUELLES *j'aime. Les dangers* AUXQUELS *on s'expose.*

Que et *quoi* sont pronoms absolus, quand on peut les tourner par *quelle chose;* comme quand on dit, QUE *vous donnerai-je? dites-moi à* QUOI *vous pensez;* c'est-à-dire, QUELLE CHOSE *vous donnerai-je? dites-moi à* QUELLE CHOSE *vous pensez.*

D. *Quand les pronoms* lequel *et* laquelle *sont-ils relatifs ou absolus?*

R. *Lequel* et *laquelle* sont pronoms relatifs,

quand on peut y joindre leurs antécédens ;
comme quand on dit, *le livre dans* LEQUEL
j'étudie ; *les sciences* AUXQUELLES *je m'applique* ;
c'est-à-dire, *le livre dans* LEQUEL LIVRE *j'étudie.*
Les sciences AUXQUELLES SCIENCES *je m'applique.*

Lequel et *laquelle* sont pronoms absolus quand
on peut les tourner par *quel* ou *quelle*, en y
joignant le nom auquel ils se rapportent; comme
quand on dit, en parlant des maisons, LAQUELLE
avez-vous achetée ? et en parlant des livres, *je*
vois AUQUEL *vous donnerez la préférence* ; c'est-
à-dire, QUELLE MAISON *avez-vous achetée?* *je*
vois à QUEL LIVRE *vous donnerez la préférence.*

ARTICLE VII.

Des Pronoms indéfinis ou *indéterminés.*

D. *Qu'est-ce que les pronoms indéfinis ?*

R. Ce sont des mots qui ont ordinairement
une signification générale et indéterminée.

D. *Comment les appelle-t-on encore ?*

R. On les appelle encore *pronoms impropres*,
parce que la plupart peuvent être aussi bien regardés comme adjectifs, que comme pronoms.

D. *Combien y a-t-il de sortes de pronoms indéfinis ?*

R. Il y en a de quatre sortes.

1. Ceux qui ne sont jamais joints à aucun
substantif.

Ce sont, *quiconque* ; *quelqu'un*, *quelqu'une* ;
chacun, *chacune* ; *autrui* ; *personne* dans le sens
d'*aucun* ; *rien* ; *l'un* ; *l'autre.*

II. Ceux qui sont toujours joints à un substantif.

C2

Ce sont, *quelque, chaque, certain, certaine,*
dans le sens de *quelque, quelconque.*

III. Ceux qui quelquefois sont joints à un
nom substantif, et quelquefois n'y sont pas joints.

Ce sont, *nul, nulle; aucun, aucune; pas un,
pas une; autre; l'un et l'autre; même; tel, telle;
plusieurs; tout, toute,* pluriel, *tous, toutes.*

IV. Ceux qui sont suivis de *que,* et qui, avec
ce mot, ont une signification particulière.

Ce sont,

Qui que ce soit ou *qui que ce fût.*

Quoi que ce soit ou *quoi que ce fût.*

Quel que ou *quelle que.* QUEL QUE *soit votre
bonheur.* QUELLE QUE *soit mon amitié pour vous.*

Quoi que. QUOI QUE *vous fussiez.* QUOI QU'*il
arrive.*

Quelque.....que. QUELQUE *mérite* QUE *vous ayez.*

Tout......... que, toute......... que. TOUT *habile*
homme QUE *vous êtes.* TOUTE *belle* QUE *soit la
campagne.*

D. *Avec quels articles se déclinent les pronoms
indéfinis.*

R. Ils se déclinent avec l'article indéfini : excepté, *l'un l'autre, autre, l'un et l'autre, même,*
qui se déclinent avec l'article défini.

CHAPITRE VI.

Du Verbe.

D. *Qu'est-ce que le Verbe ?*

R. Le verbe est un mot dont le principal
usage est de signifier l'affirmation ou le jugement que nous faisons des choses.

D. *Donnez-moi des exemples de cette signification du verbe.*

R. Quand je dis, *la vertu est aimable*; *Dieu aime les hommes*; j'affirme ou je juge de *la vertu*, quelle *est aimable*, et de *Dieu*, qu'il *aime les hommes*, par conséquent les mots *est* et *aime* sont des verbes.

D. *De quoi un verbe est-il toujours accompagné?*

R. Il est toujours accompagné d'un sujet et d'un attribut.

D. *Qu'est-ce que le sujet d'un verbe ?*

R. Le sujet que l'on appelle encore le nominatif du verbe, est un nom substantif ou un pronom qui exprime la personne ou la chose dont on affirme; comme *la vertu* dans *la vertu est aimable*; ou *elle* dans *elle est aimable*.

D. *Qu'est-ce que l'attribut ?*

R. C'est un nom adjectif qui exprime ce que l'on affirme de la personne ou de la chose. Ainsi, *aimable* est un attribut qui exprime ce que j'affirme de *la vertu*.

D. *Comment divise-t-on les verbes ?*

R. Il y en a de deux espèces générales; le *verbe substantif et les verbes adjectifs.*

D. *Qu'est-ce que le verbe substantif.*

R. C'est celui qui n'exprime que l'affirmation, et qui est séparé de l'attribut. Ainsi, *est* dans *la vertu est aimable*, est un verbe substantif séparé de l'attribut *aimable*.

D. *Qu'est-ce que les verbes adjectifs?*

R. Ce sont ceux qui expriment en un seul mot l'affirmation avec l'attribut; comme *aime*, *règne*, *étudie*, dans *Dieu aime*, *Louis quinze règne*, *Pierre étudie*; car c'est comme si l'on disait, *Dieu est aimant*, *Louis quinze est régnant*, *Pierre est étudiant*, où l'on voit que l'affirmation est marquée par *est*, et les attributs par *aimant*, *régnant* et *étudiant*.

D. *Comment appelle-t-on une suite de mots qui contient un sujet et un attribut liés par un verbe?*

R. On l'appelle une *proposition* ou une *phrase.*

D. *N'y a-t-il pas un moyen facile de s'assurer si un mot est un verbe ?*

R. Oui : quand on peut mettre les pronoms personnels, *je*, *tu*, *il*, avant un mot, ce mot est un verbe. Ainsi dans ces phrases, *l'histoire nous instruit : les premiers Romains méprisaient les richesses: instruit* et *méprisaient* sont des verbes, parce qu'on peut dire, *j'instruis, tu instruis, il instruit; je méprisais, tu méprisais, il méprisait.*

ARTICLE PREMIER.

Conjugaison des Verbes.

D. *Qu'est-ce que conjuguer un verbe ?*

R. C'est le réciter avec toutes ses différences.

D. *Quels verbes faut il d'abord conjuguer ?*

R. Les verbes *avoir* et *être*, que l'on appelle *verbes auxiliaires*, parce qu'ils servent à conjuguer les autres.

D. *Conjuguez-les ?*

R. Conjugaison du verbe auxiliaire

AVOIR.

INDICATIF.

Présent.	Imparfait.
J'ai.	J'avais.
Tu as.	Tu avais.
Il *ou* elle a.	Il avait.
Nous avons.	Nous avions.
Vous avez.	Vous aviez.
Ils *ou* elles ont.	Ils avaient.

Prétérit.

J'eus.
Tu eus.
Il eut.
Nous eûmes.
Vous eûtes.
Ils eurent.

Prétérit indéfini.

J'ai eu.
Tu as eu.
Il a eu.
Nous avons eu.
Vous avez eu.
Ils ont eu.

Prétérit antérieur.

J'eus eu.
Tu eus eu.
Il eut eu.
Nous eûmes eu.
Vous eûtes eu.
Ils eurent eu.

Plusque-parfait.

J'avais eu.
Tu avais eu.
Il avait eu.
Nous avions eu.
Vous aviez eu.
Ils avaient eu.

Futur.

J'aurai.
Tu auras.
Il aura.
Nous aurons.
Vous aurez,
Ils auront.

Futur passé.

J'aurai eu.
Tu auras eu.
Il aura eu.
Nous aurons eu.
Vous aurez eu.
Ils auront eu.

Conditionnel présent.

J'aurais.
Tu aurais.
Il aurait.
Nous aurions.
Vous auriez.
Ils auraient.

Conditionnel passé.

J'aurais ou j'eusse eu.
Tu aurais ou tu eusses eu.
Il aurait ou il eût eu.
Nous aurions ou nous eus-
sions eu.
Vous auriez ou vous eus-
siez eu.
Ils auraient ou ils eussent eu.

IMPÉRATIF.

Présent ou Futur.

Aie.
Qu'il ait.

Ayons.
Ayez.
Qu'ils aient.

SUBJONCTIF ou CONJONCTIF.

Présent ou futur.

Que j'aie.
Que tu aies.
Qu'il ait.
Que nous ayions.

Que vous ayiez.
Qu'ils aient.

Imparfait.

Que j'eusse.
Que tu eusses.

Qu'il eût.
Que nous eussions.
Que vous eussiez.
Qu'ils eussent.

Que vous ayez eu.
Qu'ils aient eu.

Plusque-parfait.

Que j'eusse eu.
Que tu eusses eu.
Qu'il eût eu.
Que nous eussions eu.
Que vous eussiez eu.
Qu'ils eussent eu.

Prétérit.

Que j'aie eu.
Que tu aies eu.
Qu'il ait eu.
Que nous ayons eu.

INFINITIF.

Présent.   *Prétérit.*

Avoir.   Avoir eu.

PARTICIPE ACTIF.

Présent.   *Prétérit.*

Ayant.   Ayant eu.

PARTICIPE PASSIF.

Présent. Eu, eue.

GÉRONDIF.

Ayant.

Conjugaison du Verbe auxiliaire

ÊTRE.

INDICATIF.

Présent,   *Prétérit.*

Je suis.
Tu es.
Il *ou* elle est.
Nous sommes.
Vous êtes.
Ils *ou* elles sont.

Je fus.
Tu fus.
Il fut.
Nous fûmes.
Vous fûtes.
Ils furent.

Imparfait.

J'étais.
Tu étais.
Il était.
Nous étions.
Vous étiez.
Ils étaient.

Prétérit indéfini.

J'ai été.
Tu as été.
Il a été.
Nous avons été.
Vous avez été.
Ils ont été.

Prétérit antérieur.

J'eus été.
Tu eus été.
Il eut été.
Nous eûmes été.
Vous eûtes été.
Ils eurent été.

Plusque-parfait.

J'avais été.
Tu avais été.
Il avait été
Nous avions été.
Vous aviez été.
Ils avaient été.

Futur.

Je serai.
Tu seras.
Il sera.
Nous serons.
Vous serez.
Ils seront.

Futur passé.

J'aurai été.
Tu auras été.
Il aura été.
Nous aurons été.
Vous aurez été.
Ils auront été.

Conditionnel présent.

Je serais.
Tu serais.
Il serait.
Nous serions.
Vous seriez.
Ils seraient.

Conditionnel passé.

J'aurais *ou* j'eusse été.
Tu aurais *ou* tu eusses été.
Il aurait *ou* il eût été.
Nous aurions *ou* nous eussions été.
Ils auraient *ou* ils eussent été.

IMPÉRATIF.

Présent ou futur.

Sois.
Qu'il soit.

Soyons.
Soyez.
Qu'ils soient.

SUBJONCTIF *ou* CONJONCTIF.

Présent ou *futur.*

Que je sois.
Que tu sois.
Qu'il soit.
Que nous soyons.
Que vous soyez
Qu'ils soient.

Imparfait.

Que je fusse.
Que tu fusses.
Qu'il fût.
Que nous fussions.
Que vous fussiez.
Qu'ils fussent.

Prétérit.

Que j'ai été.
Que tu aies été.
Qu'il ait été.
Que nous ayons été.
Que vous ayez été.
Qu'ils aient été.

Plusque parfait.

Que j'eusse été.
Que tu eusses été.
Qu'il eût été.
Que nous eussions été.
Que vous eussiez été.
Qu'ils eussent été.

INFINITIF.

Présent.	Prétérit.
Être.	Avoir été.

PARTICIPE ACTIF.

Présent.	Prétérit.
Étant.	Ayant été.

PARTICIPE PASSIF.

Présent. Été.

GÉRONDIF.

Étant.

D. *Combien y a-t-il de conjugaisons?*

R. Il y en a quatre.

La première comprend les verbes dont l'infinitif est terminé en *er*; comme *aimer*.

La seconde comprend les verbes dont l'infinitif est terminé en *ir*; comme *finir*.

La troisième comprend les verbes dont l'infinitif est terminé en *oir*; comme *recevoir*.

La quatrième comprend les verbes dont l'infinitif est terminé en *re*; comme *rendre*.

D. *Conjuguez les verbes des quatre conjugaisons.*

R. (1) Première conjugaison.

INDICATIF.

Présent.	Imparfait.
J'aime.	J'aimais.
Tu aimes.	Tu aimais.
Il aime.	Il aimait.
Nous aimons.	Nous aimions.
Vous aimez.	Vous aimiez.
Ils aiment.	Ils aimaient.

---

(1) On a imprimé en caractères italiques les terminaisons communes aux verbes des quatre conjugaisons.

Prétérit.

J'aimai.
Tu aimas.
Il aima.
Nous aimâmes.
Vous aimâtes.
Ils aimèrent.

Prétérit indéfini.

J'ai aimé.
Tu as aimé.
Il a aimé.
Nous avons aimé.
Vous avez aimé.
Ils ont aimé.

Prétérit antérieur.

J'eus aimé.
Tu eus aimé.
Il eut aimé.
Nous eûmes aimé.
Vous eûtes aimé.
Ils eurent aimé.

Plusque-parfait.

J'avais aimé.
Tu avais aimé.
Il avait aimé.
Nous avions aimé.
Vous aviez aimé.
Ils avaient aimé

Futur.

J'aimerai.

Tu aimeras.
Il aimera.
Nous aimerons.
Vous aimerez.
Ils aimeront

Futur passé.

J'aurai aimé.
Tu auras aimé.
Il aura aimé.
Nous aurons aimé.
Vous aurez aimé.
Ils auront aimé.

Conditionnel présent.

J'aimerais.
Tu aimerais.
Il aimerait.
Nous aimerions.
Vous aimeriez.
Ils aimeraient.

Conditionnel passé.

J'aurais *ou* j'eusse aimé.
Tu aurais *ou* tu eusses aimé.
Il aurait *ou* il eût aimé.
Nous aurions *ou* nous eussions aimé.
Vous auriez *ou* vous eussiez aimé.
Ils auraient *ou* ils eussent aimé.

IMPÉRATIF.

Présent ou *futur.*

Aime.
Qu'il aime.

Aimons.
Aimez.
Qu'ils aiment.

SUBJONCTIF OU CONJONCTIF.

Présent ou *futur.*

Que j'aime.
Que tu aimes.
Q'il aime.
Que nous aimions.

Que vous aimiez.
Qu'ils aiment.

Imparfait.

Que j'aimasse.
Que tu aimasses.

Qu'il aimât.
Que nous aimassions.
Que vous aimassiez.
Qu'ils aimassent.

Prétérit.

Que j'aie aimé.
Que tu aies aimé.
Qu'il ait aimé.
Que nous ayons aimé.

Que vous ayez aimé.
Qu'ils aient aimé.

Plusque-parfait.

Que j'eusse aimé.
Que tu eusses aimé.
Qu'il eût aimé.
Que nous eussions aimé.
Que vous eussiez aimé.
Qu'ils eussent aimé.

INFINITIF.

Présent.   *Prétérit.*

Aimer.   Avoir aimé.

PARTICIPE ACTIF.

Présent.   *Prétérit.*

Aimant.   Ayant aimé.

PARTICIPE PASSIF.

Présent.   *Prétérit.*

Aimé, aimée *ou* étant aimé,
aimée.   Ayant été aimé *ou* aimée.

GÉRONDIF.

En aim*ant ou* aimant.

Seconde Conjugaison.

INDICATIF.

Présent.

Je finis.
Tu finis.
Il finit.
Nous finissons.
Vous finissez.
Ils finissent.

Imparfait.

Je finissais.
Tu finissais.
Il finissoit.
Nous finissions.

Vous finissiez.
Ils finissaient.

Prétérit.

Je finis.
Tu finis.
Il finit.
Nous finîmes.
Vous finîtes.
Ils finirent.

Prétérit indéfini.

J'ai fini.
Tu as fini.

Il a fini.

Nous avons fini.

Vous avez fini.

Ils ont fini.

Prétérit antérieur.

J'eus fini.

Tu eus fini.

Il eut fini.

Nous eûmes fini.

Vous eûtes fini.

Ils eurent fini.

Plusque parfait.

J'avais fini.

Tu avais fini.

Il avait fini.

Nous avions fini.

Vous aviez fini.

Ils avaient fini.

Futur.

Je finirai.

Tu finiras.

Il finira.

Nous finirons.

Vous finirez.

Ils finiront.

Futur passé.

J'aurai fini.

Tu auras fini.

Il aura fini.

Nous aurons fini.

Vous aurez fini.

Ils auront fini.

Conditionnel présent.

Je finirais.

Tu finirais.

Il finirait.

Nous finirions.

Vous finiriez.

Ils finiraient.

Conditionnel passé.

J'aurais *ou* j'eusse fini.

Tu aurais *ou* tu eusses fini.

Il aurait *ou* il eût fini.

Nous aurions *ou* nous eussions fini.

Vous auriez *ou* vous eussiez fini.

Ils auraient *ou* ils eussent fini.

IMPÉRATIF

Présent ou Futur.

Que je finisse.

Que tu finisses.

Qu'il finisse.

Que nous finissions.

Que vous finissiez.

Qu'ils finissent.

SUBJONCTIF *ou* CONJONCTIF.

Présent ou Futur.

Que je finisse.

Que tu finisses.

Qu'il finisse.

Que nous finissions.

Que vous finissiez.

Qu'ils finissent.

Imparfait.

Que je finisse.

Que tu finisses.

Qu'il finît.

Que nous finissions.

Que vous finissiez.

Qu'ils finissent.

Prétérit.

Que j'aie fini.

Que tu aies fini.

Qu'il ait fini.

Que nous ayons fini.

Que vous ayez fini.
Qu'ils aient fini.

Qu'il eût fini.
Que nous eussions fini.

Plusque parfait.

Que j'eusse fini.
Que tu eusses fini.

Q e v u eussiez fini.
Qu'ils eussent fini.

INFINITIF.

Présent.	Prétérit.
Fialr.	Avoir fini.

PARTICIPE ACTIF.

Présent.	Prétérit.
Finissant.	Ayant fiui.

PARTICIPE PASSIF.

Présent.	Prétérit.
Fini, fiuie, *ou* étant fini, finie	Ayant été fini *ou* finie.

GÉRONDIF.

En finissant ou finissant,

Troisième conjugaison.

INDICATIF.

Présent.

Je reçois.
Tu reçois.
Il reçoit.
Nous recevons.
Vous recevez.
Ils reçoivent.

Imparfait.

Je recevais,
Tu recevais.
Il recevait.
Nous recevions.
Vous receviez.
Ils recevaient.

Prétérit.

Je reçus.

Tu reçus.
Il reçut.
Nous reçûmes.
Vous reçûtes.
Ils reçurent.

Prétérit indéfini.

J'ai reçu.
Tu as reçu.
Il a reçu.
Nous avons reçu.
Vous avez reçu.
Ils ont reçu.

Prétérit antérieur.

J'eus reçu.
Tu eus reçu.
Il eut reçu.

Nous eûmes reçu.

Vous eûtes reçu.

Ils eurent reçu.

plusque-parfait.

J'avais reçu.

Tu avais reçu.

Il avait reçu.

Nous avions reçu.

Vous aviez reçu.

Ils avaient reçu.

Futur.

Je recevrai.

Tu recevras.

Il recevra.

Nous recevrons.

Vous recevrez.

Ils recevront

Futur passé.

J'aurai reçu.

Tu auras reçu.

Il aura reçu.

Nous aurons reçu.

Vous aurez reçu.

Ils auront reçu.

Conditionnel présent.

Je recevrais.

Tu recevrais.

Il recevrait.

Nous recevrions.

Vous recevriez.

Ils recevraient.

Conditionnel passé.

J'aurais *ou* j'eusse reçu.

Tu aurais *ou* tu eusses reçu.

Il aurait *ou* il eût reçu.

Nous aurions *ou* nous eussions reçu.

Vous auriez *ou* vous eussiez reçu.

Ils auraient *ou* ils eussent reçu.

IMPÉRATIF.

présent ou *Futur.*

Reçois.

Qu'il reçoive.

Recevons.

Recevez.

Qu'ils reçoivent,

SUBJONCTIF *ou* CONJONCTIF.

Présent ou *futur.*

Que je reçoive.

Que tu reçoives.

Qu'il reçoive.

Que nous recevions.

Que vous receviez.

Qu'ils reçoivent.

Imparfait.

Que je reçusse

Que tu reçusses.

Qu'il reçût.

Que nous reçussions.

Que vous reçussiez.

Qu'ils reçussent,

Prétérit.

Que j'aie reçu.

Que tu aies reçu.

Qu'il ait reçu.

Que nous ayons reçu.

Que vous ayez reçu.

Qu'ils aient reçu.

Plusque-parfait.

Que j'eusse reçu.

Que tu eusses reçu.

Qu'il eût reçu.

Que nous eussions reçu.

Que vous eussiez reçu.

Qu'ils eussent reçu.

INFINITIF,

INFINITIF.

Présent.	*Prétérit.*
Recevoir.	Avoir reçu.

PARTICIPE ACTIF.

Présent.	*Prétérit.*
Recevant.	Ayant reçu.

PARTICIPE PASSIF.

Présent.	*Prétérit.*
Reçu, reçue *ou* étant reçu,	Ayant été reçu *ou* reçu,
reçue.	reçue.

GÉRONDIF.

En recevant *ou* recevant.

Quatrième Conjugaison.

INDICATIF.

Présent.	*Prétérit indéfini.*
Je rends.	J'ai rendu.
Tu rends.	Tu as rendu.
Il rend.	Il a rendu.
Nous rendons.	Nous avons rendu.
Vous rendez.	Vous avez rendu.
Ils rendent.	Ils ont rendu.

Imparfait.	*Prétérit antérieur.*
Je rendais.	J'eus rendu.
Tu rendais.	Tu eus rendu.
Il rendait.	Il eut rendu.
Nous rendions.	Nous eûmes rendu.
Vous rendiez.	Vous eûtes rendu.
Ils rendaient.	Ils eurent rendu.

Prétérit.	*Plusque-parfait.*
Je rendis.	J'avais rendu.
Tu rendis.	Tu avais rendu.
Il rendit.	Il avait rendu.
Nous rendîmes.	Nous avions rendu.
Vous rendîtes.	Vous aviez rendu.
Ils rendirent.	Ils avaient rendu.

5

Futur.

Je rendrai.
Tu rendras.
Il rendra.
Nous rendrons.
Vous rendrez.
Ils rendront.

Futur passé.

J'aurai rendu.
Tu auras rendu.
Il aura rendu.
Nous aurons rendu.
Vous aurez rendu.
Ils auront rendu.

Conditionnel présent.

Je rendrais.

Tu rendrais.
Il rendrait.
Nous rendrions.
Vous rendriez.
Ils rendraient.

Conditionnel passé.

J'aurais *ou* j'eusse rendu.
Tu aurais *ou* tu eusses rendu.
Il aurait *ou* il eût rendu.
Nous aurions *ou* nous eussions rendu.
Vous auriez *ou* vous eussiez rendu.
Ils auraient *ou* ils eussent rendu.

IMPÉRATIF.

Présent ou Futur.

Rends.
Qu'il rende.

Rendons.
Rendez.
Qu'ils rendent.

SUBJONCTIF ou CONJONCTIF.

Présent ou Futur.

Que je rende.
Que tu rendes.
Qu'il rende.
Que nous rendions.
Que vous rendiez.
Qu'ils rendent.

Imparfait.

Que je rendisse.
Que tu rendisses.
Qu'il rendît.
Que nous rendissions.
Que vous rendissiez.
Qu'ils rendissent.

Prétérit.

Que j'aie rendu.
Que tu aies rendu.
Qu'il ait rendu.
Que nous ayons rendu.
Que vous ayez rendu.
Qu'ils aient rendu.

Plusque-parfait.

Que j'eusse rendu.
Que tu eusses rendu.
Qu'il eût rendu.
Que nous eussions rendu.
Que vous eussiez rendu.
Qu'ils eussent rendu.

INFINITIF.

Présent.

Rendre.

Prétérit.

Avoir rendu.

PARTICIPE ACTIF.

Présent.   *Prétérit.*

Rendant.   Ayant rendu.

PARTICIPE PASSIF.

Présent.   *Prétérit.*

Rendu , rendue *ou* étant   Ayant été rendu *ou* rendue.
rendu , rendue.

GÉRONDIF.

En rendant *ou* rendant.

ARTICLE II.

Des propriétés du Verbe.

D. *Que remarque-t-on dans les Verbes ?*

R. On remarque quatre choses; savoir : les nombres, les personnes, les temps et les modes.

Des nombres.

D. *Qu'entendez-vous par les nombres dans les verbes ?*

R. J'entends , comme dans les noms , le singulier et le pluriel. Ainsi un verbe est au singulier, quand ce que l'on affirme se rapporte à une seule chose; et il est au pluriel, quand ce que l'on affirme se rapporte à plusieurs choses.

Des Personnes.

D. *Qu'est-ce que les personnes dans les verbes ?*

R. Ce sont, comme dans les pronoms personnels, la première, la seconde et la troisième.

D. *De quoi se sert-on pour distinguer les personnes des Verbes ?*

R. On se sert ordinairement des pronoms personnels du singulier, pour marquer les per-

sonnes du singulier ; et des pronoms personnels du pluriel, pour marquer les personnes
du pluriel.

D. *Quels sont ces pronoms, et quel en est l'u-*
sage dans les verbes ?

R. *Je*, pour les deux genres, marque la première personne du singulier, *je reçois.*

Tu, pour les deux genres, marque la seconde
personne du singulier, *tu reçois.*

Il, pour le masculin, ou *elle*, pour le féminin, marque la troisième personne du singulier, *il reçoit* ou *elle reçoit.*

Nous, pour les deux genres, marque la première personne du pluriel, *nous recevons.*

Vous, pour les deux genres, marque la seconde personne du pluriel, *vous recevez.*

Ils, pour le masculin, ou *elles* pour le féminin, marque la troisième personne du pluriel, *ils reçoivent* ou *elles reçoivent.*

D. *Ces noms personnels se mettent-ils toujours*
avant les personnes des verbes ?

R. *Je* et *nous, tu* et *vous*, se mettent toujours avant les premières et secondes personnes
des verbes : mais *il* et *ils, elle* et *elles*, ne se
mettent avant les troisièmes personnes, que
quand les noms dont ils tiennent la place, ne
sont pas exprimés.

D. *Donnez-en des exemples.*

Il faut toujours dire, *je lis, tu lis, nous lisons,*
vous lisez ; mais on ne doit pas dire, *il lit* ou
elle lit, ils lisent ou *elles lisent*, que quand on
ne nomme pas la personne ou les personnes
qui lisent : car en les nommant il faudrait dire,
sans pronoms personnels, *mon frère lit, ma*
sœur lit ou *mes frères lisent, mes sœurs lisent.*

D. *Se sert-on toujours de* tu *pour marquer une seconde personne du singulier* ?

R. On ne s'en sert qu'en parlant à des personnes que l'on tutoie par mépris ou par familiarité; mais, à l'égard de toute autre personne, il faut se servir de *vous*. Ainsi *vous lisez*, sera une seconde personne du singulier, si on ne parle qu'à une seule personne; et ce sera une seconde personne du pluriel, si on parle à plusieurs personnes.

Des Temps.

D. *Combien y a-t-il des temps* ?

R. Il n'y en a proprement que trois, qui sont *le présent*, *le passé* et *l'avenir*, que l'on appelle *les trois temps naturels*, et auxquels se rapportent tous les autres.

D. *Quels sont dans les verbes les temps qui représentent les trois temps naturels* ?

R. Ce sont ceux que nous avons nommés dans la conjugaison, *présent*, *prétérit indéfini* et *futur*.

D. *Quels sont ceux qui se rapportent à chacun de ces trois temps* ?

R. I. *Le conditionnel présent* se rapporte au présent.

II. *L'imparfait*, *le prétérit*, *le prétérit antérieur*, *le plusque-parfait* et *le conditionnel passé*, se rapportent au *prétérit indéfini*.

III. *Le futur passé* se rapporte au *futur*.

D. *Qu'est-ce que marque le présent* ?

R. Le présent marque qu'une chose est ou se fait au temps où l'on parle; comme quand on dit, NOUS LISONS *l'écriture sainte*, c'est-à-dire, nous lisons présentement l'écriture sainte.

D. *Qu'est-ce que marque le conditionnel présent?*

R. Le conditionnel présent marque qu'une chose serait présentement, moyennant certaines conditions ; comme quand on dit, NOUS SE-RIONS *heureux*, *si Adam n'eût pas péché.*

D. *Qu'est-ce que marque le prétérit indéfini ?*

R. Le prétérit indéfini marque une chose passée dans un temps qui dure encore ; comme quand on dit, J'AI *eu la fièvre cette année, ce printemps, ce mois-ci, cette semaine, aujourd'hui.*

D. *Qu'est ce que marque l'imparfait ?*

R. L'imparfait marque qu'une chose se faisait en même temps qu'une autre dans un temps passé ; comme quand on dit, J'ÉTAIS *à table lorsque vous arrivâtes.*

D. *Qu'est-ce que marque le prétérit ?*

R. Le prétérit simple, que l'on appelle encore *prétérit indéfini,* marque une chose passée dans un temps dont il ne reste plus rien ; comme quand on dit, JE FUS *malade l'année dernière;* JE RENDIS *mes comptes la semaine passée ;* JE REÇUS *votre lettre hier.*

D. *Qu'est ce que marque le prétérit antérieur ?*

R. Le prétérit antérieur marque une chose passée avant une autre ; comme dans cet exemple, *quand* J'EUS REÇU *mon argent, je m'en allai.*

D. *Qu'est-ce que marque le plusque-parfait ?*

R. Le plusque-parfait marque qu'une chose était passée à l'égard d'une autre chose qui est aussi passée ; comme quand on dit, J'AVAIS ÉTÉ *malade, lorsque vous m'écrivîtes.*

D. *Qu'est-ce que marque le conditionnel passé ?*

R. Le conditionnel passé marque qu'une chose serait arrivée dans un temps passé, moyennant certaines conditions ; comme quand on dit, J'AURAIS *appris* ou J'EUSSE *appris la géographie, si vous* EUSSIEZ *voulu.*

D. *Qu'est-ce que marque le futur?*

R. Le futur marque qu'une chose arrivera dans un temps qui n'est pas encore ; comme quand on dit, J'AURAI *de l'argent*; *nos corps* RESSUSCITERONT *au dernier jugement.*

D. *Qu'est-ce que marque le futur passé?*

R. Le futur passé marque qu'une chose qui n'est pas encore , sera passée quand une autre chose arrivera; comme dans cet exemple, *quand* J'AURAI FINI *mes affaires , je vous irai voir ,* ou J'AURAI FINI *mes affaires, quand je vous irai voir.*

Des Modes.

D. *Combien y a-t-il de modes ?*

R. Il y en a quatre , qui sont :

L'indicatif, l'Impératif , le Subjonctif ou *Conjonctif* et *l'infinitif.*

D. *Qu'est-ce que l'indicatif?*

R. C'est une manière d'exprimer les divers temps des verbes , sans qu'ils dépendent nécessairement des mots qui peuvent être auparavant.

D. *Donnez-en quelques exemples ?*

R. Quand je dis , J'AIME *la vertu ,* VOUS M'AVEZ RENDU service, NOUS FINIRONS *votre affaire*; les temps *j'aime , vous m'avez rendu , nous finirons ,* ne supposent aucun mot précédent dont ils dépendent.

D. *Qu'est-ce que l'impératif?*

R. C'est une manière de signifier dans les verbes , l'action de commander, de prier et d'exhorter.

D. *Apportez-en quelques exemples.*

R. Quand je dis, RENDEZ *témoignage à la vérité*; CRAIGNEZ *Dieu plus que les hommes*; c'est comme si je disais, *je vous commande , je vous prie , je vous exhorte de rendre témoignage à la vérité , de craindre Dieu plus que les hommes.*

D. *Pourquoi l'impératif n'a-t-il pas de première* personne ?

R. Parce qu'ordinairement on ne se commande pas à soi-même.

D. *Pourquoi le temps de l'impératif est-il appelé* présent *ou* futur.

R. Parce qu'on commande dans un temps présent pour un temps à venir.

D. *Qu'est-ce que le substantif ou conjonctif ?*

R. C'est une manière d'exprimer les divers temps des verbes, avec une dépendance nécessaire de quelques mots précédens.

D. *Donnez-en des exemples ?*

R. Dans ces phrases, *il faut que* JE FASSE *un discours* ; *je souhaitais que vous* VINSSIEZ ; *les* temps *je fasse, vous vinssiez,* supposent nécessairement quelques mots qui les précèdent et dont ils dépendent, tels que sont ici , *il faut que* , *je souhaite que.*

D. *Pourquoi avez-vous appelé le premier temps* du subjonctif, *présent ou* futur.

R. Parce qu'il s'emploie aussi souvent dans le sens de l'un , que dans le sens de l'autre. Il est au présent dans cette phrase : *Croyez-vous qu'il* SOIT *en chemin* ? c'est-à-dire , *croyez-vous qu'il* EST *en chemin* ? Il est au futur dans celle-ci : *Je ne crois pas qu'il* VIENNE *demain* ; c'est-à-dire , *je ne crois pas qu'il* VIENDRA *demain.*

D. *Qu'est-ce que l'infinitif ?*

R. C'est dans le verbe une manière de signifier sans nombres , ni personnes.

D. *Donnez-en des exemples.*

R. Quand je dis , *être, avoir, aimer, finir,* etc., je fais seulement entendre la signification de ces verbes d'une manière générale, sans y rien ajouter.

ARTICLE III.

De la formation des temps.

D. QU'est-ce que l'on appelle les temps simples d'un Verbe ?

R. Les temps simples d'un verbe sont ceux qui s'expriment en un seul mot ou accompagnés seulement des pronoms personnels.

D. *Combien y a-t-il de temps simples ?*

R. Il y en a onze ; savoir:

L'Infinitif présent , comme *aimer.*

Le Participe actif présent , comme *aimant.*

Le participe passif présent, comme *aimé.*

Le présent de lindicatif, comme *j'aime.*

L'Imparfait de l'indicatif, comme *j'aimais.*

Le Prétérit de l'indicatif, comme *j'aimai.*

Le Futur de l'indicatif, comme *j'aimerai.*

Le Conditionnel présent, comme *j'aimerais.*

L'Impératif, comme *aime.*

Le Présent du subjonctif, comme *que j'aime.*

L'Imparfait du subjonctif , comme *que j'aimasse.*

D. *Qu'est-ce qu'on appelle* les temps composés d'un verbe ?

R. Les temps composés d'un verbe sont ceux qui se conjuguent toujours avec quelques temps simples du verbe auxiliaire *être* ou *avoir.*

D. *Combien y a-t-il de temps composés?*

R. Il y en a dix : savoir :

Le Prétérit indéfini, comme *j'ai aimé , je suis tombé.*

Le Prétérit antérieur, comme *j'eus aimé, je fus tombé.*

Le plusque-parfait de l'indicatif, comme *j'avais aimé, j'étais tombé.*

Le Futur passé, comme *j'aurai aimé, je serai tombé.*

Le Conditionnel passé, comme *j'aurais* ou *j'eusse aimé, je serais* ou *je fusse tombé.*

Le Prétérit du subjonctif, comme *que j'aie aimé, que je sois tombé.*

Le Plusque-parfait du subjonctif, comme *que j'eusse aimé, que je fusse tombé.*

Le Prétérit de l'infinitif, comme *avoir aimé, être tombé.*

Le Prétérit du participe actif, comme *ayant aimé, étant tombé.*

Le prétérit du participe passif, comme *ayant été aimé.*

D. *Quels sont les temps les plus difficiles à former?*

R. Ce sont les temps simples.

D. *Parmi ces temps simples comment appelle-t-on ceux d'où se forment tous les autres.*

R. On les appelle *temps primitifs.*

D. *Combien y en a-t-il?*

R. Cinq, qui sont :

I. L'infinitif présent.

II. Le Participe actif présent.

III. Le Participe passif présent.

IV. Le Présent de l'indicatif.

V. Le Prétérit de l'indicatif.

D. *Quel temps forme-t-on de l'infinitif présent?*

R. On en forme le futur de l'indicatif en mettant *ai* après l'*r* de la dernière syllabe : *Aimer, j'aimerai; punir, je punirai; prendre, je prendrai.*

Les verbes qui ont l'infinitif en *enir* et en *oir*, changent au futur *enir* en *iendrai*, et *oir* en *rai*, *venir, je viendrai; recevoir, je recevrai.*

D. *D'où se forme le conditionnel présent ?*

R Il se forme, dans tous les verbes, du futur de l'indicatif, en changeant *ai* en *ais*. *Je chanter*ai, *je chanterais. Je dormir*ai, *je dormirais. Je rendr*ai, *je rendrais. Je voudr*ai, *je voudrais*, etc.

D. *Quels temps forme-t-on du participe actif présent ?*

R. On en forme,

I. L'Imparfait de l'indicatif, en changeant *ant* en *ais* : *Porter*, *portant*, *je portais. Lire*, *lisant*, *je lisais. Finir*, *finissant*, *je finissais*, etc.

II. Le présent du subjonctif, en changeant *ant* en *e* muet ; *Chanter*, *chantant*, *que je chante. Dire*, *disant*, *que je dise. Ecrire*, *écrivant*, *que j'écrive*, etc.

Excepté les verbes qui ont l'infinitif en *enir* et en *evoir*, qui changent *enir* en *ienne*, et *evant* en *oive. Tenir*, *tenant*, *que je tienne. Concevoir*, *concevant*, *que je conçoive.*

III. Les première et la seconde personnes du pluriel du présent de l'indicatif, en changeant *ant* en *ons* et en *ez. Donner*, *donnant*, *nous donnons*, *vous donnez. Bâtir*, *bâtissant*, *nous bâtissons*, *vous bâtissez. Devoir*, *devant*, *nous devons*, *vous devez. Ecrire*, *écrivant*, *nous écrivons*, *vous écrivez.*

IV. Les première et seconde personnes du pluriel du présent du subjonctif, en changeant *ant* en *ions*, et en *iez* : *Répondre*, *répondant*, *que nous répondions*, *que vous répondiez. Envoyer*, *envoyant*, *que nous envoyions*, *que vous envoyiez. Avoir*, *ayant*, *que nous ayions*, *que vous ayiez.*

D. *Quels temps forme-t-on du participe passif ?*

R. On en forme tous les temps composés, en

y ajoutant les temps simples du verbe auxiliaire *avoir* ou *être*. Ainsi, du participe passif *aimé*, on fait, *j'ai aimé, j'eus aimé*, etc., et du participe passif *tombé*, on fait, *je suis tombé, je fus tombé*, etc.

D. *Quels temps forme-t-on du présent de l'indicatif ?*

R. On en forme l'impératif, en supprimant seulement le pronom personnel *je* : *j'aime, aime; je finis, finis; je reçois, reçois; je rends, rends.*

Les deux troisièmes personnes de l'impératif sont semblables à celles du présent du subjonctif.

La première et seconde personne du pluriel de l'impératif, sont les mêmes que celles du présent de l'indicatif, dont on retranche les pronoms personnels *nous* et *vous: nous finissons, vous finissez; finissons, finissez*, etc.

D. *Quels temps forme-t-on du prétérit de l'indicatif ?*

R. On en forme l'imparfait du subjonctif, en changeant *ai* en *asse*, pour les verbes de la première conjugaison, *je donnai, que je donnasse*; et en y joignant *se*, pour les verbes des trois autres conjugaisons : *je finis, que je finisse; je tins, que je tinsse; je reçus, que je reçusse; je rendis, que je rendisse.*

D. *N'y a-t-il pas des exceptions à ces règles générales de formation des temps ?*

R. Oui : il y en a plusieurs que l'on trouvera dans le livre *des Principes* (1).

_____

(1) C'est un livre beaucoup plus étendu que celui-ci, qui a pour titre : *Principes généraux et raisonnés de la Grammaire française.*

ARTICLE

ARTICLE IV.

Des différentes sortes de Verbes.

D. Combien y a-t-il de sortes de Verbes ?

R. Il n'y en a proprement que de deux sortes ;
savoir: le verbe substantif et les verbes adjectifs.
Mais on peut regarder encore les verbes auxiliaires comme une troisième sorte de Verbes.

Du verbe substantif.

D. Quel est le verbe qu'on appelle substantif?

R. C'est le verbe *être* , lorsqu'il est suivi d'un
nom substantif ou d'un nom adjectif, qui se rapporte au sujet ou au nominatif du verbe; comme
dans ces exemples: *Le Soleil est* LUMINEUX
par lui-même; la Lune et les autres planètes sont
DES CORPS *opaques.*

D. N'y a-t-il que le verbe *être* qui soit substantif?

R. On peut regarder comme verbe substantif
tout verbe qui est suivi d'un nom substantif ou
adjectif qui se rapporte au nominatif du verbe.
Ainsi dans ces phrases , *la saison devient belle ;
la terre paraît immobile ; un assemblage d'étoiles
s'appelle* constellation; les verbes *devient, paraît*
et *s'appelle* , peuvent être regardés comme verbes substantifs, parce qu'ils sont suivis des noms
qui se rapportent aux nominatifs *saison , terre*
et *assemblage.*

Des Verbes adjectifs.

D. Combien y a-t-il de verbes adjectifs ?

R. Il y en a de cinq sortes ; savoir:
Le verbe actif.
Le verbe neutre.
Le verbe passif.

Le verbe réciproque.

Le verbe impersonnel.

D. *Qu'est-ce que le verbe actif?*

R. Le verbe actif est un verbe qui exprime une action, après lequel on peut toujours metré ces mots, *quelqu'un* ou *quelque chose*. Ainsi *porter*, *connaître*, sont des verbes actifs, parce qu'on peut dire *porter quelque chose*, *connaître quelqu'un*.

D. *Qu'est-ce que le verbe neutre?*

R. Le verbe neutre est un verbe qui exprime quelquefois une action, et souvent n'en exprime pas, mais après lequel on ne peut jamais mettre ces mots, *quelqu'un* ou *quelque chose*. Ainsi, *venir*, *dormir*, sont des verbes neutres, parce qu'on ne peut pas dire, *venir quelqu'un*, *venir quelque chose*, ni *dormir quelqu'un*, *dormir quelque chose*.

D. *Comment se conjuguent les verbes neutres?*

R. La plupart se conjuguent comme les verbes actifs, avec les temps simples du verbe auxiliaire *avoir*, dans leurs temps composés, comme *dormir*, *dîner*, *souper*, etc.

D'autres se conjuguent avec les temps simples du verbe auxiliaire *être*, dans les mêmes temps composés, comme *venir*, *arriver*, *tomber*, etc.

D. *Conjuguez un verbe neutre avec le verbe auxiliaire* être.

INDICATIF.

Présent.	*Imparfait.*
Je tombe.	Je tombais.
Tu tombes.	Tu tombais.
Il tombe.	Il tombait.
Nous tombons.	Nous tombions.
Vous tombez.	Vous tombiez.
Ils tombent.	Ils tombaient.

Prétérit.

Je tombai.
Tu tombas.
Il tomba.
Nous tombâmes.
Vous tombâtes.
Ils tombèrent.

Prétérit indéfini.

Je suis tombé *ou* tombée.
Tu es tombé *ou* tombée.
Il est tombé *ou* elle est tombée.
Nous sommes tombés *ou* tombées.
Vous êtes tombés *ou* tombées.
Ils sont tombés *ou* elles sont tombées.

Prétérit antérieur.

Je fus tombé *ou* tombée.
Tu fus tombé *ou* tombée.
Il fut tombé *ou* elle fut tombée.
Nous fûmes tombés *ou* tombées.
Vous fûtes tombés *ou* tombées.
Ils furent tombés *ou* elles furent tombées.

Plusque-parfait.

J'étais tombé *ou* tombée.
Tu étais tombé *ou* tombée.
Il était tombé *ou* elle était tombée.
Nous étions tombés *ou* tombées.
Vous étiez tombés *ou* tombées.
Ils étaient tombés *ou* tombées.

Futur.

Je tomberai.
Tu tomberas.
Il tombera.
Nous tomberons.
Vous tomberez.
Ils tomberont.

Futur passé.

Je serai tombé *ou* tombée.
Tu seras tombé *ou* tombée.
Il sera tombé *ou* elle sera tombée.
Nous serons tombés *ou* tombées.
Vous serez tombés *ou* tombées.
Ils seront tombés *ou* elles seront tombées.

Conditionnel présent.

Je tomberais.
Tu tomberais.
Il tomberait.
Nous tomberions.
Vous tomberiez.
Ils tomberaient.

Conditionnel passé.

Je serais *ou* je fusse tombé *ou* tombée.
Tu serais *ou* tu fusses tombé *ou* tombée.
Il serait *ou* il fût tombé *ou* elle serait *ou* elle fût tombée.
Nous serions *ou* nous fussions tombés *ou* tombées.
Vous seriez *ou* vous fussiez tombés *ou* tombées.
Ils seraient *ou* ils fussent tombés *ou* elles seraient *ou* elles fussent tombées.

IMPÉRATIF.

Présent ou *futur.* Tombons.
Tombe. Tombez.
Qu'il tombe. Qu'ils tombent.

SUBJONCTIF OU CONJONCTIF.

Présent ou *futur.*
Que je tombe.
Que tu tombes.
Qu'il tombe.
Que nous tombions.
Que vous tombiez.
Qu'ils tombent.

Imparfait.
Que je tombasse.
Que tu tombasses.
Qu'il tombât.
Que nous tombassions.
Que vous tombassiez.
Qu'ils tombassent.

Prétérit.
Que je sois tombé *ou* tombée.
Que tu sois tombé *ou* tombée.
Qu'il soit tombé *ou* qu'elle soit tombée.

Que nous soyons tombés *ou* tombées.
Que vous soyez tombés *ou* tombées.
Qu'ils soient tombés *ou* qu'elles soient tombées.

Plusque-parfait.
Que je fusse tombé *ou* tombée.
Que tu fusses tombé *ou* tombée.
Qu'il fût tombé *ou* qu'elle fût tombée.
Que nous fussions tombés *ou* tombées.
Que vous fussiez tombés *ou* tombées.
Qu'ils fussent tombés *ou* qu'elles fussent tombées.

INFINITIF.

Présent. *Prétérit.*
Tomber. Être tombé *ou* tombée.

PARTICIPE ACTIF.

Présent. *Prétérit.*
Tombant. Étant tombé.

PARTICIPE PASSIF.

Tombé *ou* tombée.

GÉRONDIF.

En tombant *ou* tombant.

D. *Qu'est-ce que le régime du Verbe?*

R. C'est un nom ou pronom qui se met ordinairement à la suite du verbe, et qui en dépend. Ainsi dans ces phrases, *j'aime la vertu, je profite de l'exemple*; *la vertu* et *de l'exemple* sont régimes des verbes *j'aime* et *je profite*, parce qu'ils sont à la suite de ces verbes et qu'ils en dépendent.

D. *Ne donne-t-on pas un autre nom au régime du verbe?*

R. On l'appelle encore *le cas du verbe.*

D. *Combien y a-t-il de sortes de régimes?*

R. Il y en a de deux sortes; *le régime direct* ou *absolu*, et *le régime indirect* ou *relatif.*

D. *Qu'est-ce que le régime direct ou absolu?*

R. C'est celui qui s'exprime par un accusatif. Ainsi, dans *j'aime Dieu, j'étudie la Grammaire*, *Dieu* et *la Grammaire* sont régimes directs ou absolus des verbes *j'aime* et *j'étudie.*

D. *Qu'est-ce que le régime indirect ou relatif?*

R. C'est celui qui s'exprime par le génitif, par le datif ou par l'ablatif. Ainsi, dans ces phrases, *je me repens de ma faute; je réponds à votre lettre; je reviens à Rome*: *de ma faute, à votre lettre* et *de Rome*, sont régimes indirects ou relatifs des verbes *je me repens, je réponds* et *je reviens.*

D. *A quels verbes conviennent ces mêmes régimes?*

R. Le régime absolu ne peut convenir qu'au verbe actif.

Le régime relatif convient également au verbe actif et à toutes les autres espèces de verbes adjectifs.

D. *De quoi se sert-on en français pour exprimer un verbe passif?*

R. On se sert du verbe *être*, que l'on joint et que l'on conjugue dans tous ses temps, avec le participe passif d'un verbe actif. Ainsi, dans ces phrases, *la vertu est estimée*; *l'argent a été reçu*; *les livres seront rendus* : *est estimée*, *a été reçu*, *seront rendus*, sont des verbes passifs; parce que *estimée*, *reçu* et *rendu* sont des participes passifs des verbes actifs *estimer*, *recevoir* et *rendre*, joints à quelques temps du verbe *être*.

D. *Quel est le régime du verbe passif?*

R. C'est toujours un ablatif, ou *par* avec un accusatif, comme *je suis connu*, etc.; *j'ai été maltraité par mon frère.*

D. *Conjuguez un verbe passif seulement par les premières personnes de chaque temps.*

R.   INDICATIF.

Présent.

Je suis aimé *ou* aimée.

Imparfait.

J'étais aimé *ou* aimée.

Prétérit.

Je fus aimé *ou* aimée.

Prétérit indéfini.

J'ai été aimé *ou* aimée.

Prétérit antérieur.

J'eus été aimé *ou* aimée.

Plusque-parfait.

J'avais été aimé *ou* aimée.

Futur.

Je serai aimé *ou* aimée.

Futur passé.

J'aurai été aimé *ou* aimée.

Conditionnel présent.

Je serais aimé *ou* aimée.

Conditionnel passé.

J'aurais *ou* j'eusse été aimé *ou* aimée.

IMPÉRATIF.

Présent ou *futur*. Sois aimé *ou* sois aimée.

SUBJONCTIF *ou* CONJONCTIF.

Présent ou *Futur.*

Que je sois aimé *ou* aimée.

Imparfait.

Que je fusse aimé *ou* aimée.

Prétérit.

Que j'aie été aimé *ou* aimée.

Plusque-parfait.

Que j'eusse été aimé *ou* aimée.

INFINITIF.

Présent.	Prétérit.
Être aimé *ou* aimée.	Avoir été aimé *ou* aimée

PARTICIPE PASSIF.

Présent.	Prétérit.
Aimé *ou* aimée.	Ayant été aimé *ou* aimée

D. *Qu'est-ce que le verbe réciproque ?*

Le verbe réciproque est celui qui exprime un sujet qui agit sur lui-même, et qui se conjugue toujours avec les pronoms conjonctifs *me*, *te*, *se*, *nous*, *vous*, lesquels se mettent entre le nominatif du verbe et le verbe, comme *je* ME *chagrine*, *tu* TE *satisfais*, *il* SE *trompe*, etc.

D. *De quelle personne faut-il que soient les pronoms conjonctifs joints aux verbes réciproques?*

R. Il faut qu'ils soient de la même personne que le nominatif du verbe; comme dans *je me chagrine*, *je* et *me* sont de la première personne du singulier : dans *l'homme se trompe*, *l'homme* et *se* sont de la troisième personne du singulier; dans *vous vous perdez*; *vous* et *vous* sont de la seconde personne du pluriel, et ainsi des autres.

D. *De quel cas les pronoms conjonctifs tiennent-ils lieu dans les verbes réciproques?*

R. Ils tiennent lieu dans les uns de l'accusatif du pronom personnel, comme dans *je me flatte*, c'est à dire, *je flatte moi*.

Dans d'autres, ils tiennent lieu du datif du pronom personnel, comme dans *Pierre se donne un habit*, c'est-à-dire, *Pierre donne un habit à soi*.

Il y en a quelques-uns où ils ne tiennent lieu d'aucun cas, comme dans *je me repens*, *je m'aperçois*, que l'on ne peut pas tourner par *je re-*

pens moi ou à moi, j'aperçois moi ou à moi.

D. Comment se conjuguent les verbes réciproques ?

R. Ils se conjuguent avec le verbe auxiliaire *être* dans leurs temps composés, comme on va le voir dans la conjugaison du verbe réciproque *se repentir.*

INDICATIF.

Présent.

Je me repens.
Tu te repens.
Il se repent.
Nous nous repentons.
Vous vous repentez.
Ils se repentent.

Imparfait.

Je me repentais.
Tu te repentais.
Il se repentait.
Nous nous repentions.
Vous vous repentiez.
Ils se repentaient.

Prétérit.

Je me repentis.
Tu te repentis.
Il se repentit.
Nous nous repentîmes.
Vous vous repentîtes.
Ils se repentirent

Prétérit indéfini.

Je me suis repenti *ou* repentie.
Tu t'es repenti *ou* repentie.
Il s'est repenti *ou* elle s'est repentie.
Nous nous sommes repentis *ou* repenties.
Vous vous êtes repentis *ou* repenties.
Ils se sont repentis *ou* elles se sont repenties.

Prétérit antérieur.

Je me fus repenti *ou* repentie.
Tu te fus repenti *ou* repentie.
Il se fut repenti *ou* elle se fut repentie.
Nous nous fûmes repentis *ou* repenties.
Vous vous fûtes repentis *ou* repenties.
Il se furent repentis *ou* elles se furent repenties.

Plusque parfait.

Je m'étais repenti *ou* repentie.
Tu t'étais repenti *ou* repentie.
Il s'était repenti *ou* elle s'était repentie.
Nous nous étions repentis *ou* repenties.
Vous vous étiez repentis *ou* repenties.
Ils s'étaient repentis *ou* elles s'étaient repenties.

Futur.

Je me repentirai.
Tu te repentiras.
Il se repentira.
Nous nous repentirons.
Vous vous repentirez.
Ils se repentiront.

Futur passé.

Je me serai repenti *ou* repentie.

Tu te seras repenti *ou* repentie.

Il se sera repenti *ou* elle se
sera repentie.

Nous nous serons repentis
ou repenties.

Vous vous serez repentis
ou repenties.

Ils se seront repentis *ou*
elles se seront repenties.

Conditionnel présent.

Je me repentirais.

Tu te repentirais.

Il se repentirait.

Nous nous repentirions.

Vous vous repentiriez.

Ils se repentiraient.

Conditionnel passé.

Je me serais *ou* je me fusse
repenti *ou* repentie.

Tu te serais *ou* tu te fusses
repenti *ou* repentie.

Il se serait *ou* il se fût repenti *ou* elle se serait *ou*
elle se fût repentie.

Nous nous serions *ou* nous
nous fussions repentis *ou*
repenties.

Vous vous seriez *ou* vous
vous fussiez repentis *ou*
repenties.

Ils se seraient *ou* ils se fussent repentis, *ou* elles se
seraient *ou* elles se fussent repenties.

IMPÉRATIF.

Présent ou *futur.*

Repens-toi.

Qu'il se repente.

Repentons-nous.

Repentez-vous.

Qu'ils se repentent.

SUBJONCTIF *ou* CONJONCTIF.

Présent ou *futur.*

Que je me repente.

Que tu te repentes.

Qu'il se repente.

Que nous nous repentions.

Que vous vous repentiez.

Qu'ils se repentent.

Imparfait.

Que je me repentisse.

Que tu te repentisses.

Qu'il se repentisse.

Que nous nous repentissions

Que vous vous repentissiez.

Qu'ils se repentissent.

Prétérit.

Que je me sois repenti *ou*
repentie.

Que tu te sois repenti *ou*
repentie.

Qu'il se soit repenti *ou*
qu'elle se soit repentie.

Que nous nous soyons re-
pentis *ou* repenties.

Que vous vous soyez re-
pentis *ou* repenties.

Qu'ils se soient repentis *ou*
qu'elles se soient repen-
ties.

Plusque-parfait.

Que je me fusse repenti *ou* repentie.

Que tu te fusses repenti *ou* repentie.

Qu'il se fût repenti *ou* qu'elle se fût repentie.

Que nous nous fussions repentis *ou* repenties.

Que vous vous fussiez repentis *ou* repenties.

Qu'ils se fussent repentis *ou* qu'elles se fussent repenties.

INFINITIF.

Présent.   *Prétérit.*

Se repentir.   S'être repenti *ou* repentie.

PARTICIPE ACTIF.

Présent.   *Prétérit.*

Se repentant.   S'étant repenti *ou* repentie.

PARTICIPE PASSIF.

Présent.   Repenti *ou* repentie.

GÉRONDIF.

En se repentant ou se repentant.

D. *Qu'est-ce que le verbe impersonnel* ?

R. Le verbe impersonnel est celui qui ne s'emploie, dans tous les temps, qu'à la troisième personne du singulier, avec le pronom *il* ou *on*, comme *il pleut*, *il faut*, *il importe*, *on aime*, *on étudie*, etc.

— D. *Comment connaît-on qu'un verbe, à la troisième personne du singulier, précédé du pronom* il, *est impersonnel* ?

R. Quand le pronom *il* ne tient lieu d'aucun nom déjà exprimé. Ainsi, dans cette phrase, *voilà un beau chapeau* ; IL *convient que je l'achète*, on ne peut pas mettre *chapeau* ni aucun autre nom à la place de *il*, et on ne pourrait pas dire, *ce chapeau convient que je l'achète*. Par conséquent *il convient* est un verbe impersonnel.

Mais dans celle-ci, *voilà un bon chapeau*, *il*

convient à ma tête ; *il convient* n'est pas impersonnel, parce qu'on peut mettre *chapeau* à la
place de *il*, et dire, *ce chapeau convient à ma
tête.*

D. *Comment se conjuguent les verbes impersonnels ?*

R. Ils se conjuguent comme les autres verbes,
excepté qu'ils n'ont dans chaque temps que la
troisième personne du singulier, précédé du
pronom *il* ou *on.*

D. *Conjuguez les deux verbes impersonnels* il
faut *et* il y a, *qui sont d'un grand usage.*

INDICATIF.

Présent.	*Plusque-parfait.*
Il faut.	Il avait fallu.
Imparfait.	*Futur.*
Il fallait.	Il faudra.
Prétérit.	*Futur passé.*
Il fallut.	Il aura fallu.
Prétérit indéfini.	*Conditionnel présent.*
Il a fallu.	Il faudrait.
Prétérit antérieur.	*Conditionnel passé.*
Il eût fallu.	Il aurait ou il eût fallu.

SUBJONCTIF OU CONJONCTIF.

Présent ou futur.	*Prétérit.*
Qu'il faille.	Qu'il ait fallu.
Imparfait.	*Plusque-parfait.*
Qu'il fallut.	Qu'il eût fallu.

PARTICIPE ACTIF.

Prétérit. Ayant fallu.

Les temps et les modes qui manquent à ce
verbe ne sont pas en usage.

INDICATIF.

Présent.	*Imparfait.*
Il y a.	Il y avait.

Prétérit.	*Futur.*
Il y eut.	Il y aura.

Prétérit indéfini.	*Futur passé.*
y a eu.	Il y aura eu.

Prétérit antérieur.	*Conditionnel présent.*
Il y eut eu.	Il y aurait.

Plusque parfait.	*Conditionnel passé.*
Il y avait eu.	Il y aurait ou il y eût eu.

IMPÉRATIF.

Présent ou *futur.*	Qu'il y ait.

SUBJONCTIF ou CONJONCTIF.

Présent ou *Futur.*	*Prétérit.*
Qu'il y ait.	Qu'il y ait eu.

Imparfait.	*Plusque parfait.*
Qu'il y eût.	Qu'il y eût eu.

INFINITIF.

Présent.	*Prétérit.*
Y avoir.	Y Avoir eu.

PARTICIPE ACTIF.

Présent.	*Prétérit.*
Y ayant.	Y ayant eu.

D *Conjuguez un verbe impersonnel avec le pronom général* on.

R. INDICATIF.

Présent.	*Prétérit antérieur.*
On aime.	On eut aimé.

Imparfait.	*Plusque-parfait.*
On aimait.	On avait aimé.

Prétérit.	*Futur.*
...ma.	On aimera.

...indéfini.	*Futur passé.*
	On aura aimé.

Conditionnel

Conditionnél présent.   *Conditionnel passé.*

Ou aimerait.   On aurait *ou* on eût aimé.

IMPÉRATIF.

Présent ou *futur.*   Qu'on aime.

SUBJONCTIF ou CONJONCTIF.

présent ou *Futur.*   *Prétérit.*

. Qu'on aime.   Qu'on ait aimé.

     Imparfait.   *Plusque-parfait.*

. Qu'on aimât.   Qu'on eût aimé.

INFINITIF.

Présent.   Aimer.

Des Verbes auxiliaires.

D. *Combien y a-t-il de verbes auxiliaires ?*

R. Deux ; le verbe *avoir* et le verbe *être.*

D. *Ces verbes sont-ils toujours auxiliaires ?*

R. Non : ils ne sont auxiliaires que quand ils sont suivis d'un participe passif, avec lequel ils forment les temps composés des autres verbes, comme dans J'AI *aimé, nous* AVIONS *reçu, vous vous* ÊTES *repentis, nous* SERONS *estimés.*

D. *De quels verbes chacun des auxiliaires forme-t-il les temps composés ?*

R. L'auxiliaire *avoir,* suivi d'un participe passif, forme les temps composés de lui-même et du verbe *être,* de tous les verbes actifs, d'une partie des verbes neutres, et des verbes impersonnels, comme *j'ai eu, j'ai été, j'ai rendu, j'ai dormi, il a fallu,* etc.

L'auxiliaire *être,* suivi d'un participe passif, forme les temps composés d'une partie des verbes neutres, des verbes réciproques, et tous les temps des verbes passifs, comme *je suis tombé, je me suis repenti, je suis aimé,* etc.

7

D. *Qu'est-ce que sont les verbes* avoir *et* être, *quand ils ne sont pas suivis d'un participe passif, et qu'ils ne sont pas auxiliaires?*

R. *Avoir* est un verbe actif qui signifie la même chose que *posséder,* comme quand on dit, *j'ai de l'argent,* c'est-à-dire, *je possède de l'argent.*

Être, suivi d'un nom adjectif ou d'un nom substantif, qui se rapporte au nominatif du verbe, est simplement un verbe substantif, comme quand on dit, *Dieu est bon; cette figure est un triangle.*

CHAPITRE VII.

Du Participe.

D. *Qu'est-ce qu'un participe ?*

R. C'est un nom adjectif formé d'un verbe, et qui en a quelques propriétés, comme *ai-mant* et *aimé,* formés du verbe *aimer; rece-vant* et *reçu,* formés du verbe *recevoir.*

D. *Pourquoi l'appelle-t-on participe ?*

R. Parce qu'il participe de la nature du nom adjectif et de la nature du verbe.

D. *En quoi participe-t-il de la nature du nom adjectif ?*

R. En ce qu'il suppose ordinairement un nom substantif auquel il se rapporte : comme quand on dit : *Pierre aimant* ou *recevant, l'argent aimé* ou *reçu.*

D. *Quelles sont les propriétés que le participe emprunte du verbe ?*

R. Il a le régime du verbe dont il est formé, et il se rapporte tantôt au présent et tantôt au passé. Ainsi, comme on dit, *Pierre aime l'étude,* ou *Pierre est aimé de Dieu.*, on dit de même, *Pierre aimant* ou *ayant aimé* l'étude, *Pierre aimé*, *étant aimé*, ou *ayant été aimé de Dieu.*

D. *Combien y a-t-il de sortes de participes ?*

R. Il y en a de deux sortes : *les participes actifs* et *les participes passifs*.

D. *Qu'est-ce que les participes actifs ?*

R. Ce sont ceux qui sont terminés en *ant*, et qui ont ordinairement la signification active, comme *aimant*, *finissant*, etc.

D. *Le gérondif étant terminé en* ant *comme le participe actif*, *comment distingue-t-on l'un avec l'autre ?*

R. En ce que l'on met ordinairement, et que l'on peut toujours mettre *en* avant le gérondif, comme quand on dit, *en étudiant on devient habile*, ou, *vous le perdez le flattant comme vous faites*, c'est-à-dire, *en le flattant comme vous faites*.

Au lieu qu'on ne peut pas mettre *en* avant un participe actif, sans changer le sens de la phrase. Ainsi ce n'est pas la même chose de dire, *je vous ai vu priant Dieu*, ou *je vous ai vu, en priant Dieu*.

D. *Qu'est-ce que les participes passifs ?*

R. Ce sont ceux qui ne sont pas terminés en *ant*, et qui ont ordinairement la signification passive, comme *aimé*, *fini*, *reçu*.

D. *Quel est l'usage des participes passifs dans la conjugaison des verbes.*

R. C'est, comme nous l'avons vu, d'en former tous les temps composés, avec les temps simples des verbes auxiliaires *avoir* et *être*.

D. *Où trouve-t-on facilement le participe passif de chaque verbe ?*

R. Dans le premier des temps composés, qui

est le prétérit indéfini. Ainsi *rendu* et *craint* sont les participes passifs des verbes *rendre* et *crain-dre*, parce qu'ils font au prétérit indéfini, *j'ai rendu*, *j'ai craint*.

CHAPITRE VIII.

De l'Adverbe.

D. *Qu'est-ce que l'Adverbe?*

R. C'est un mot indéclinable, qui se joint ordinairement au verbe pour en exprimer quelque circonstance. Ainsi quand on dit, *je vous aime tendrement*, *vous m'avez servi fidèlement*; *tendrement* et *fidèlement* expriment quelques circonstances des verbes *aimer* et *servir*.

D. *Qu'entendez-vous quand vous dites que l'adverbe est un mot indéclinable?*

R. J'entends que l'adverbe n'a ni genres, ni nombres, ni cas, comme les noms et les pronoms.

D. *Combien y a-t-il de sortes d'adverbes?*

R. On en distingue ordinairement de sept sortes; savoir :

I. Les adverbes de temps, qui répondent à la question *quand*; tels que sont *hier*, *autre-fois*, *demain*, *bientôt*, *souvent*, *toujours*, etc.

II. Les adverbes de lieu ou de situation, qui répondent à la question *où*; comme *ici*, *là*, *près*, *loin*, *dedans*, *dehors*, *ailleurs*, *partout*, etc.

III. Les adverbes d'ordre et de rang, comme *premièrement*, *secondement*, *devant*, *après*, *en-semble*, etc.

IV. Les adverbes de quantité ou de nombre, qui répondent à la question, *combien*; tels que

sont, *peu*, *beaucoup*, *guères*, *assez*, *tant*, *au-*
tant, *trop*, etc.

V. Les adverbes d'affirmation, de négation
et de doute; tels que sont, *oui*, *certes*, *cer-*
tainement, *non*, *ne*, *ne pas*, *ne point*, *non pas*,
ni, *nullement*, *peut-être*, etc.

VI. Les adverbes de comparaison, tels que
sont, *comme*, *ainsi*, *pareillement*, *aussi*, *plus*,
davantage, *pis*, *mieux*, *moins*, *presque*, etc.

VII. Les adverbes de qualité ou de manière,
qui répondent à la question *comment*; tels que
sont, *bon*, *mal*, *modestement*, *sévèrement*, *cou-*
rageusement, etc.

D. *D'où se forment la plupart des adverbes de*
qualité ou de manière ?

R. La plupart des adverbes de qualité ou
de manière se forment du féminin des noms
adjectifs, en y ajoutant *ment*; ainsi de *grande*
féminin de *grand*, on fait *grandement* : de *douce*,
féminin de *doux*, on fait *doucement* : de *nou-*
velle, *nouvellement*; de *certaine*, *certainement*, etc.

D. *Les adverbes de qualité ou de manière ne*
sont-ils pas susceptibles de degrés de comparaison,
comme les adjectifs ?

R. Oui, et on en forme les comparatifs et
les superlatifs, en y joignant les mêmes mots
qu'aux adjectifs; ainsi,

Le comparatif d'égalité, des adverbes *géné-*
reusement, *fidèlement*, sera *aussi* ou *si généreu-*
sement, *aussi* ou *si fidèlement*.

Le comparatif d'excès sera *plus généreuse-*
ment, *plus fidèlement*.

Le comparatif de défaut sera *moins généreu-*
sement, *moins fidèlement*.

Le superlatif absolu sera *très* ou *fort géné-*
reusement, *très* ou *fort fidèlement*.

7.

Le superlatif relatif sera *le plus généreuse-* *ment* , *le plus fidèlement.*

Le comparatif d'excès de l'adverbe *bien* est *mieux* ; et celui de l'adverbe *mal* est *pis.*

CHAPITRE IX.

De la Préposition.

D. *Qu'est-ce que les Prépositions ?*

R. Ce sont des mots indéclinables qui ont toujours un nom ou un pronom pour régime ; comme quand on dit, *dans la maison, avec moi, après l'étude, pour lui,* etc.

D. *Pourquoi ces mots sont-ils appelés prépositions ?*

R. Parce qu'ils se mettent toujours avant le nom ou le pronom qu'ils régissent.

D. *Comment peut-on diviser les prépositions ?*

R. Par les cas qu'elles régissent. Ainsi il y en a de trois sortes.

I. Celles qui régissent le génitif ou l'ablatif, comme *loin de, près de, auprès de, proche de, hors de, autour de,* etc.

II. Celles qui régissent le datif, comme *jus-qu'à* ou *jusques à, quant à,* etc.

III. Celles qui régissent l'accusatif, dont le nombre est très-grand : telles que sont, *après, avant, avec, chez, contre, dans, depuis, der-rière, dès, devant, durant, en, entre, envers, environ, excepté, malgré, outre, par, parmi, pendant, pour, sans, selon, sous, suivant, sur, vers,* etc.

CHAPITRE X.

De la Conjonction.

D. *Qu'est-ce que les conjonctions ?*

R. Ce sont des mots indéclinables qui servent à lier les parties d'une phrase ou d'un discours, et dont la plupart se mettent avant les
verbes.

D. *Quelles sont les principales conjonctions ?*

R. Ce sont, *que, et, ni, ou, mais, pour-*
tant, quoique, si, quand, comme, d'ailleurs, en-
core, car, parce que, puisque, pourquoi, afin
que, afin de, de peur que, de peur de, or, donc,
ainsi, c'est pourquoi, par conséquent, de sorte
que, lorsque, pendant que, avant que, depuis que,
aussitôt que, dès que, enfin.

D. *En qu'elles occasions que est-il conjonction ?*

R. *Que* est conjonction quand on ne peut le
tourner ni par *lequel, laquelle,* ni par *quelle chose,*
comme quand on dit, *Dieu veut* QUE *nous l'ai-*
mions.

D. *Les prépositions ne sont elles pas quelquefois*
mises au nombre .des conjonctions ?

R. Oui: quand, au lieu d'un nom ou d'un
pronom, elles régissent un verbe; comme quand
on dit, LOIN *de blâmer votre conduite ;* JUSQU'A
mépriser la vie ; APRÈS *avoir prié Dieu* POUR
mériter le Ciel ; SANS *écouter mes raisons.*

CHAPITRE XI.

De l'Interjection.

D. *Qu'est-ce que les interjections ?*

R. Ce sont des mots indéclinables, dont on se sert pour exprimer quelques mouvemens de l'âme, comme la joie, la douleur, la crainte, l'aversion, l'encouragement, etc.

D. *Apportez des exemples pour chacun de ces mouvemens ?*

R. Pour exprimer la joie, on dit, *ha ! bon!*

Pour exprimer la douleur, on dit, *aye! ah! hélas! mon Dieu! hé !*

Pour exprimer la crainte, on dit, *ha, hélas! hé?*

Pour exprimer l'aversion, on dit, *fi ! fi donc!*

Pour encourager quelqu'un, on dit, *ça, allons, courage.*

Pour admirer, on dit *ho!*

Pour appeler quelqu'un, on dit, *hola ! hé !*

Pour faire cesser, on dit, *hola !*

Pour réprimer, on dit, *tout beau !*

D. *Comment distingue-t-on une même interjection qui exprime différens mouvemens de l'âme ?*

R. On la distingue par les différens tons de voix dont on la prononce.

CHAPITRE XII.

Observations générales sur les parties du Discours.

I. Accord de l'Adjectif avec le Substantif.

D. *Quel rapport y a-t-il entre le nom substantif et le nom adjectif?*

R. Il n'est pas nécessaire qu'un nom substantif soit accompagné d'un nom adjectif; mais un nom adjectif suppose toujours un nom substantif, auquel il se rapporte.

D. *Comment s'accorde en français l'adjectif avec le substantif?*

R. En genre et en nombre; c'est-à-dire, qu'un nom adjectif doit toujours être du même genre et du même nombre que le nom substantif auquel il se rapporte; comme quand on dit, *l'homme prudent, la femme prudente, les hommes prudens, les femmes prudentes.*

D. *Cette règle ne regarde-t-elle que les noms adjectifs?*

R. Elle regarde encore les pronoms et les participes qui ont différentes terminaisons pour le masculin et le féminin, le singulier et le pluriel. Ainsi, en les faisant accorder avec le nom substantif auquel ils se rapportent, il faut dire; *mon livre, mes livres, ma sœur, mes sœurs, un homme estimé, une femme estimée, des hommes estimés, des femmes estimées,* etc.

D. *Trouve-t-on toujours dans la même phrase le nom substantif auquel se rapporte un adjectif?*

R. Non : quelquefois ce substantif est sous-entendu, parce qu'il a été exprimé dans quelque phrase précédente. Ainsi, pour le trouver, il faut examiner à quoi peut convenir ce qui est exprimé par le nom adjectif.

Mais il arrive souvent que les adjectifs n'ont rapport à aucun substantif exprimé dans le discours : alors ils sont toujours au masculin, et ils n'ont qu'un substantif vague et général, que l'on peut rendre par un des deux mots *chose* ou *homme;* comme quand on dit *il est* UTILE *d'étudier; les* SAVANS *admirent votre ouvrage;* CELUI *qui*

aime Dieu ; écoutez CE que je vous dis, c'est-à-
dire, c'est une CHOSE UTILE d'étudier ; les HOM-
MES SAVANS admirent votre ouvrage ; L'HOMME
qui aime Dieu ; écoutez LA CHOSE que je vous dis.

D. *Quand un nom adjectif se rapporte à plusieurs substantifs singuliers et de divers genres, en
quel nombre et en quel genre le met-on ?*

R. I. On le met au pluriel, parce que deux
ou plusieurs singuliers valent un pluriel. Ainsi
il faut dire, *mon frère et ma sœur sont estima-
bles*, et non pas *estimable*.

II. Le masculin étant plus noble que le féminin, on met ordinairement au masculin ; ou
on donne la terminaison masculine à l'adjectif
qui se rapporte à plusieurs substantifs de divers
genres. Ainsi, on dit, *mon frère et ma sœur
sont contens*, et non pas *contentes*.

II. *Accord du Verbe avec son Nominatif.*

D. *Quel rapport y a-t-il entre un verbe et le
nominatif ?*

R. Un nom au nominatif demande toujours
un verbe ; et tout verbe qui n'est pas impersonnel ou qui n'est pas à l'infinitif, suppose toujours un nom substantif au nominatif, exprimé
ou sous-entendu, dont il dépend.

D. *Quand ce nom substantif au nominatif n'est
pas exprimé, qu'est-ce qui en tient lieu ?*

R. C'est toujours un pronom personnel ou
autre : comme quand, après avoir parlé de Dieu,
je dis, IL *jugera les hommes*, ou *lui* QUI *jugera
les hommes.*

D. *Comment trouve-t-on le nominatif d'un verbe ou le nom substantif dont le pronom tient la
place.*

R. En mettant *qui est-ce qui* avant le verbe, la

réponse fera trouver le mot que l'on cherche.
Ainsi, en disant, *qui est-ce qui jugera les hommes?*
on trouve que c'est *Dieu* qui est le nominatif du
verbe, et dont les pronoms *il* et *qui* tenaient la
place.

De même, pour savoir quel est le nominatif
du verbe dans cette phrase, *il arrive de grands
malheurs :* en demandant *qu'est-ce qui arrive ?*
on trouve que c'est *de grands malheurs.*

D. *Comment s'accorde le verbe avec son nominatif ?*

R. En nombre et en personne ; c'est-à-dire,
que le verbe doit être au singulier, si son nominatif n'exprime qu'une seule chose ; qu'il doit
être au pluriel, si son nominatif exprime plusieurs choses, ou s'il a pour nominatif plusieurs
noms au singulier ; et qu'il doit être à la même
personne que son nominatif.

D. *Donnez-en des exemples ?*

R. Dans cette phrase, *je cultiverai les sciences;*
le verbe *cultiverai* est à la première personne
du singulier, parce que son nominatif *je* est
au singulier et de la première personne.

Dans celle-ci, *mon frère, vous négligez l'étude,*
le verbe *négligez* est à la seconde personne
du singulier, parce que *vous*, qui tient la place
de *mon frère*, est au singulier et de la seconde
personne.

Dans celle-ci, *Dieu punira les méchans :* le
verbe *punira* est à la troisième personne du
singulier, parce que *Dieu* est au singulier et
de la troisième personne.

Dans celle-ci, *les Payens adoraient les idoles:
la sagesse et la modestie conviennent aux jeunes
gens :* les verbes *adoraient* et *conviennent* sont
à la troisième personne du pluriel, parce que le

nominatif du premier est au pluriel de la troisième personne, et que l'autre a pour nominatif deux noms de la troisième personne au singulier, lesquels valent un pluriel.

Enfin, dans cette phrase, *la plupart furent du même avis*, le verbe *furent* est à la troisième personne du pluriel, parce que son nominatif, qui est *la plupart*, quoiqu'au singulier, exprime plusieurs personnes.

D. *Quand un verbe a plusieurs nominatifs de différentes personnes, en quelle personne doit-on le mettre?*

R. On doit le mettre à la personne la plus noble. La première personne est plus noble que les autres; et la seconde est plus noble que la troisième. Ainsi, il faut dire, par cette raison, *vous et mon frère* AVEZ ÉTÉ *les plus sages*; *vous, ma sœur et moi*, IRONS *ensemble à la campagne.*

III. *Observations sur le Régime.*

D. *Qu'est-ce que gouvernent les verbes?*

R. Les verbes actifs gouvernent l'accusatif, les verbes passifs gouvernent l'ablatif ou la préposition *par*, suivie d'un accusatif; les verbes neutres et impersonnels, ou ne gouvernent rien, ou gouvernent quelquefois le datif et quelquefois l'ablatif.

D. *Les verbes actifs ne gouvernent-ils jamais que l'accusatif?*

R. Il y en a quelques-uns qui gouvernent encore un datif ou un ablatif avec l'accusatif: comme quand on dit, *donner quelque chose à quelqu'un; recevoir quelque chose de quelqu'un.*

D. *Qu'est ce que gouvernent les verbes réciproques?*

R. 1.° Il y en a qui ont le pronom conjonctif pour

pour régime absolu à l'accusatif, et quelquefois encore un régime relatif au datif ou à l'ablatif; comme quand on dit, *je me donne à la vertu; je me sépare de vous*; c'est-à-dire, *je donne moi à la vertu; je sépare moi de vous.*

2.º Il y en a qui ont le pronom conjonctif pour régime relatif au datif, et qui ont encore ordinairement un régime absolu à l'accusatif; comme quand on dit, *je me donne un habit*; c'est-à dire, *je donne à moi un habit.*

3.º Il y en a d'autres où le pronom conjonctif ne tient lieu d'aucun régime, et qui gouvernent quelquefois un autre nom au datif ou à l'ablatif; comme quand on dit, *je me meurs*, *je me plais au jeu*, *je me repens de ma faute*, on ne peut tourner *je meurs moi*, ni *je plais moi au jeu*, ni *je repens moi de ma faute.*

D. *Les verbes n'ont-ils jamais pour régimes que des noms ou pronoms ?*

R. Ils ont encore souvent d'autres verbes à l'infinitif sans articles, s'ils sont régimes absolus, ou précédés des articles *à* et *de*, s'ils sont régimes relatifs; comme quand on dit, *je veux étudier; je m'occupe à étudier; je m'ennuie d'étudier.*

Il y a plusieurs verbes dont le régime absolu est exprimé par un verbe à quelqu'un des temps de l'indicatif ou du subjonctif, et précédé de la conjonction *que.* Ainsi dans ces deux phrases, *je crois que vous travaillez; je crains que Dieu ne me punisse;* le régime absolu du verbe *je crois* est exprimé par *que vous travaillez;* et le régime absolu du verbe *je crains* est exprimé par *que Dieu ne me punisse.*

D. *N'y a-t-il que les verbes qui aient un régime?*

R. 1.º Les noms substantifs gouvernent souvent d'autres noms substantifs au génitif, comme

8

quand on dit, *la bonté de Dieu, la lumière du soleil, les vérités de la religion*, etc.

2.º Il y a des noms adjectifs qui ont pour régime des noms substantifs au génitif, au datif ou à l'ablatif; comme quand on dit, *jaloux de sa gloire, convenable à mon dessein, digne de récompense*, etc.

3.º Toutes les prépositions gouvernent, comnous l'avons dit, le génitif ou l'ablatif, le datif ou l'accusatif; comme quand on dit, *auprès du Roi, jusqu'à Rome, pour la gloire*, etc.

D. *Comment trouve-t-on le régime d'un verbe, d'un nom ou d'une préposition?*

R. 1.º On trouve le régime absolu d'un verbe actif ou d'une préposition qui gouverne l'accusatif, en mettant *quoi* ou *qui* en interrogation après le verbe ou la préposition. Ainsi dans cette phrase; *demandons à Dieu les grâces nécessaires pour notre sanctification*; en mettant *quoi* après *demandons* et après *pour*, on trouve que *les grâces* est le régime de l'un, et que *notre sanctification* est le régime de l'autre.

2.º On trouve le régime relatif au génitif, à l'ablatif ou au datif, des verbes, des noms et des prépositions, en mettant après une interrogation *de quoi* ou *de qui*, *à quoi*, ou *à qui*. Ainsi dans ces phrases, *offrons toutes nos actions à Dieu : j'ai obtenu une grâce du Roi : les ouvrages de Cicéron : près de la ville ;* on trouve les régimes relatifs, en disant : *offrons, à qui? à Dieu; j'ai obtenu, de qui ? du Roi; les ouvrages, de qui ? de Cicéron; près de quoi? de la ville.*

3.º On trouvera de même le régime des verbes passifs, en mettant après, *par qui, de qui* ou *de quoi. J'ai été maltraité, par qui? par mon frère; je suis connu, de qui ? du Roi*, etc.

IV. *Observations sur les articles.*

D. Le , la , les , *sont-ils toujours articles?*

R. *Le , la , les,* ne sont articles que quand ils sont mis avant des noms au nominatif ou à l'accusatif ; comme quand on dit , *le prince, la table , les livres.*

Mais *le , la , les,* sont pronoms conjonctifs, quand ils sont joints à des verbes dont ils sont régimes absolus , et qu'on peut les tourner par l'accusatif des pronoms personnels; comme quand on dit , *je le connais , je la vois , je les estime* ; c'est-à-dire, *je connais lui , je vois elle , j'estime eux* ou *elles.*

D. *Comment connaît-on qu'un nom sans article* ou *précédé des articles* le , la , les, *est au nominatif ou à l'accusatif ?*

R. Un nom sans article ou précédé des articles *le , la , les,* est au nominatif, quand il est sujet au nominatif d'un verbe : comme quand on dit , *Dieu est juste ; le temps perdu ne se répare pas ; la mort nous surprend; les pécheurs seront punis,* etc.

Un nom sans article ou précédé des articles *le , la , les,* est à l'accusatif, quand il est régime absolu d'un verbe ou d'une préposition ; comme quand on dit , *il faut aimer Dieu; ne perdons pas le temps ; pratiquons la vertu; cultivons les sciences ; vivons selon l'Evangile ,* etc.

D. *Comment peut-on connaître si un nom précédé des articles* du, de la, des, de, *est au génitif ou à l'ablatif ?*

R. Un nom précédé des articles *du , de la , des, de ,* est généralement au génitif , quand il est gouverné par un nom ; comme quand on dit , *l'horreur du vice , l'amour de la vertu,* l'utilité des sciences, la crainte de Dieu, etc.

Un nom précédé des articles *du, de la, des, de*, est généralement à l'ablatif, quand il est gouverné par un verbe ou par une préposition; comme quand on dit, *nous dépendons du Roi*; *je suis édifié de votre conduite*; *loin de la rivière*, etc.

D. *Comment connaît-on quand* du, de la, des, de, *sont génitifs ou ablatifs des articles définis et indéfinis, et quand ils sont nominatifs ou accusatifs des articles partitifs?*

R. *Du, de la, des, de*, sont génitifs ou ablatifs des articles définis ou indéfinis, quand les noms qu'ils précèdent sont régimes relatifs d'un nom, d'un verbe ou d'une préposition.

Mais *du, de la, des, de*, sont nominatifs ou accusatifs des articles partitifs, quand les noms qui précèdent sont nominatifs d'un verbe ou régimes absolus d'un verbe actif ou d'une préposition qui gouverne l'accusatif; comme dans ces exemples, *du pain me suffit*; *j'ai lu de bons livres*; *on trouve rarement des jeunes gens sages*; *Dieu forma l'homme avec de la terre.*

V. *Observations sur les Pronoms.*

D. Nous, vous et lui, *sont-ils toujours pronoms personnels?*

R. *Nous, vous*, et *lui* sont pronoms personnels, lorsqu'ils sont précédés des articles *à* et *de*, ou lorsqu'étant sans articles, ils sont nominatifs d'un verbe ou régimes d'une préposition; comme dans ces exemples, *il s'adresse à nous, je me plains de vous*; *fiez-vous à lui*; *nous étudions*; *vous travaillez*; *contre nous*; *avec vous*; *pour lui*, etc.

Nous, vous et *lui* sont pronoms conjonctifs, lorsqu'étant sans articles, ils sont régimes abso-

lus ou relatifs de quelque verbe, et tiennent lieu
des pronoms personnels au datif ou à l'accusatif; comme dans ces exemples, *l'étude nous est*
utile; *je vous estime*; *ce livre me plaît*; c'est-à-
dire, *l'étude est utile à nous*; *j'estime vous*; *ce*
livre plaît à lui ou *à elle*, etc.

D. En *et* y *sont-ils pronoms conjonctifs*?

R. 1.º *En* est pronom conjonctif, quand il tient
lieu d'un pronom personnel ou de quelque nom
au génitif ou à l'ablatif; comme quand on dit,
je vous en parle; c'est-à-dire, *je parle de lui*, ou
d'elle, *de cela* ou *de cette chose*. Mais en est préposition, quand il ne tient lieu d'aucun nom ni
pronom, et qu'il est avant un nom ou pronom
qu'il gouverne; comme dans ces exemples, *j'ai*
confiance en Dieu : *j'irai en Italie*.

2.º *Y* est pronom conjonctif, quand il tient
lieu de quelque nom au datif; comme quand on
dit, *je m'y applique*; c'est-à-dire, *je m'applique*
à cela ou *à cette chose*. Mais il est adverbe de lieu,
quand il répond à la question *où*, et qu'on peut
le tourner par les mots *en ce lieu*, ou par l'adverbe *là*; comme dans ces exemples, *nous y som-*
mes restés; *vous y allez*; c'est-à-dire, *nous som-*
mes restés là ou *en ce lieu*; *vous allez là* ou *en ce*
lieu.

D. *En quelles occasions* leur *est-il pronom con-*
jonctif ou passif?

R. *Leur* est pronom conjonctif, lorsqu'étant
sans article, il est joint à un verbe dont il exprime le régime relatif au datif, et qu'il peut se
tourner par *à eux* ou *à elles*, ou par quelque
nom au datif pluriel; comme quand on dit, *je*
leur offre mon amitié; c'est-à-dire, *j'offre mon*
amitié à eux ou *à elles*.

Leur est pronom possessif absolu quand il

est avant un nom ; comme *leur livre*, *leur mai-*
son ; et il est pronom possessif relatif, lorsque
n'étant pas suivi d'un nom, il est précédé d'un
article défini ; comme *le leur*, *la leur*, *du leur*,
de la leur, etc.

D. *Comment peut-on trouver l'antécédent d'un*
pronom relatif ?

R. En le tournant par *lequel*, *laquelle*, *du-*
quel, *de laquelle*, etc., selon le cas où il est,
et en y joignant un nom exprimé auparavant,
avec lequel il puisse faire un sens raisonnable.
Ainsi dans cette phrase, *songeons à apaiser la*
colère de Dieu, dont nous devons craindre les ef-
fets ; on trouve que c'est la *colère*, et non pas
Dieu qui est l'antécédent de *dont*, parce qu'on
peut dire, *songeons à apaiser la colère de Dieu,*
de laquelle colère nous devons craindre les effets,
et qu'on ne peut pas dire, *duquel Dieu nous de-*
vons craindre les effets.

D. *L'antécédent du relatif est-il toujours ex-*
primé par un nom ?

R. Il est souvent exprimé par un pronom : et
quand ce sont les pronoms démonstratifs *celui*,
ceux ou *ce*, s'ils n'ont rapport à aucun nom déjà
exprimé, on peut tourner *celui* par *l'homme*,
ceux par *les hommes*, et *ce* par *la chose* ou *les*
choses ; comme quand on dit, *celui qui craint*
Dieu ; *ceux qui méprisent les richesses* ; *ce que je*
vous prédis, c'est-à-dire, *l'homme qui craint*
Dieu ; *les hommes qui méprisent les richesses* ; *la*
chose ou *les choses que je vous prédis.*

D. *Comment s'accorde le relatif avec son anté-*
cédent ?

R. En genre en nombre et en personne ;
c'est-à-dire, que le relatif doit être au même
genre, au même nombre et de la même per-

sonne que son antécédent. Ainsi, dans *moi qui aime l'étude*, *qui* est au masculin ou au féminin, suivant la personne qui parle, au singulier et de la première personne, comme son antécédent *moi* : dans *vous qui perdez votre temps*, *qui* est au masculin ou au féminin, au singulier ou au pluriel, suivant le genre et le nombre de personnes à qui on parle, et de la seconde personne, comme son antécédent *vous*; dans *les écoliers qui étudient la langue française*, *qui*, est au masculin, au pluriel et de la troisième personne, comme son antécédent *les écoliers*.

D. *D'où dépend le cas du pronom relatif ?*

R. Il dépend ordinairement d'un verbe ou d'un nom suivant.

D. *Comment peut-on trouver en quel cas est le pronom relatif, et par quel verbe ou par quel nom il est gouverné ?*

R. En mettant l'antécédent à la place du pronom relatif, et en transportant cet antécédent, s'il n'est pas nominatif d'un verbe, après un verbe ou après un nom à la suite duquel il puisse faire un sens raisonnable. Ainsi dans *Dieu de qui nous avons reçu tant de bienfaits*, *de qui* est à l'ablatif et régime relatif du verbe *ayant reçu*, parce que l'on dit, *nous avons reçu tant de bienfaits de Dieu* : dans *Cicéron dont on admire l'éloquence*, *dont* est au génitif gouverné par le nom substantif *éloquence*, parce qu'on dit, *on admire l'éloquence de Cicéron*.

D. *En quel cas sont ou peuvent être les pronoms relatifs ?*

R. *Qui*, au singulier et au pluriel, est toujours nominatif du verbe suivant, s'il n'est pas à la suite, et régime d'une préposition ; comme dans *le maître qui enseigne ; les écoliers qui écoutent*, etc.

Que est toujours à l'accusatif singulier ou pluriel, et régime absolu du verbe suivant ; comme dans *Dieu que j'aime ; les vertus que j'admire ,* etc.

Duquel , de laquelle , de qui , dont , sont au génitif ou à l'ablatif.

Ils sont au génitif, quand ils sont gouvernés par un nom substantif suivant ; comme dans *Alexandre de qui le courage est connu ,* ou *Alexandre dont on connaît le courage.*

Ils sont à l'ablatif, quand ils sont gouvernés par un verbe suivant ; comme dans *le Roi de qui j'attends une grâce ; les exemples dont il faut profiter ,* etc.

Auquel , à laquelle , à qui et *à quoi ,* sont toujours au datif, gouvernés par un verbe ou par un nom adjectif suivant ; comme dans *la science à laquelle je m'applique ; les écoliers à qui les punitions sont nécessaires ; les dangers à quoi on s'expose ,* etc.

VI. *Observations sur les Participes.*

D. *Qu'entend-on quand on dit que les participes sont déclinables ou indéclinables ?*

R. Quand on dit que les participes sont déclinables , on entend qu'ils changent de terminaison pour s'accorder avec les noms ou les pronoms auxquels ils se rapportent ; c'est à-dire , qu'ils prennent, comme les noms adjectifs, un *e* muet pour s'accorder avec un nom féminin , et une *s* pour s'accorder avec un nom pluriel. Et quand on dit que les participes sont indéclinables , on entend qu'ils ne changent pas de terminaison , de quelque genre et de quelque nombre que soit le nom auquel ils pourraient se rapporter.

D. *Les participes actifs et les gérondifs en* ant
sont-ils déclinables?

R. Non, parce qu'ils ne changent pas de terminaison, soit qu'ils se rapportent à des noms
masculins ou féminins, singuliers ou pluriels.
Ainsi on dit également, *un homme* LISANT *de bons
livres; une femme* LISANT *de bons livres; des hommes* LISANT *de bons livres; des femmes* LISANT
de bons livres.

D. *Que faut-il observer à l'égard des participes passifs?*

R. Il faut observer qu'ils sont quelquefois déclinables et quelquefois indéclinables.

D. *En quelles occasions les participes passifs
sont-ils déclinables ou indéclinables?*

R. Les participes passifs sont indéclinables,
quand ils forment avec l'auxiliaire *avoir* les
temps composés d'un verbe neutre ou d'un verbe
actif qui n'est pas précédé de son régime absolu;
et quand ils forment, avec l'auxiliaire *être*, les
temps composés d'un verbe réciproque suivi de
son régime absolu. Ainsi dans ces exemples, *j'ai
dormi, nous avons dormi; j'ai écrit une lettre,
nous avons écrit une lettre: nous nous sommes
donné des livres; dormi, écrit* et *donné*, ne changent pas de terminaison, quoique les verbes
soient au singulier et au pluriel, et que *lettre*
soit au féminin, et *livres* au pluriel.

Hors de ces cas, les participes passifs sont ordinairement déclinables.

D. *Quand les participes passifs sont déclinables,
avec quoi les fait-on accorder?*

R. On les fait accorder ou avec un nom substantif, ou avec le nominatif du verbe, ou avec
le régime absolu du verbe.

D. *En quelle occasion fait-on accorder les par-
tipes passifs avec un nom substantif?*

R. Quand ils ne forment aucun temps composé du verbe, et qu'ils sont seulement employés comme adjectifs d'un nom substantif; comme quand on dit, *un ouvrage achevé, une maison achevée; des ouvrages achevés, des maisons achevées.*

D. *En quelle occasion les participes passifs s'accordent-ils avec les nominatifs du verbe ?*

R. Quand ils forment avec l'auxiliaire *être* les temps composés d'un verbe qui n'a pas de régime absolu ; comme dans ces exemples, *mon frère est tombé, ma sœur est tombée ; mes frères sont tombés, mes sœurs sont tombées : mon frère a été puni, ma sœur a été punie ; mes frères ont été punis, mes sœurs ont été punies.*

D. *En quelle occasion les participes passifs s'accordent-ils avec le régime absolu du verbe ?*

R. Quand ils forment avec l'auxiliaire *avoir* ou *être*, les temps composés d'un verbe précédé de son régime absolu : ce qui arrive principalement toutes les fois que ce régime absolu est exprimé par un pronom conjonctif, relatif ou absolu ; comme quand on dit, *cette maison est à moi, je l'ai achetée ; je vous rends vos livres, je les ai lus ; les lettres que j'ai écrites ; les meubles que je me suis donnés ; quels ennemis ne me suis-je pas faits, etc.*

VII. *Observations sur les adverbes, les prépositions et les conjonctions.*

D. *En quoi les adverbes, les prépositions et les conjonctions sont-elles différentes des autres parties du discours ?*

R. En ce qu'elles sont indéclinables et qu'elles ne sont susceptibles d'aucun changement. Ainsi, on ne peut ni les décliner comme les noms, ni les conjuguer comme les verbes.

D. *Comment peut-on connaître qu'un mot indéclinable est un adverbe, plutôt qu'une préposition ou une conjonction ?*

R. Tout mot indéclinable est adverbe, lorsqu'il exprime quelque circonstance d'un verbe, qui peut se mettre après le verbe, ou qu'il répond à quelqu'une des questions, *quand? où ? combien ? comment ?* tels que sont, *presque, aujourd'hui, ici, beaucoup, bien,* etc.

D. *Comment distingue t-on une préposition d'un adverbe ou d'une conjonction ?*

R. Un mot indéclinable est préposition, quand on peut mettre après une interrogation, *qui* ou *quoi, de qui* ou *de quoi, à qui* ou *à quoi;* ce qu'on ne peut pas faire à l'égard des adverbes ou des conjonctions. Ainsi, *auprès, jusques, avec* et *sur* sont des prépositions, parce qu'on peut demander, *auprès de qui? jusqu'à quoi, avec qui? sur quoi?*

D. *Comment distingue-t-on une conjonction d'un adverbe ou d'une préposition ?*

R. Un mot indéclinable est conjonction, quand il ne peut se mettre qu'avant un verbe, ou qu'il sert à lier une phrase avec une autre, un verbe avec un autre, un nom avec un autre, ou un adverbe avec un autre, etc., tels que sont, *mais, car, et, ou,* etc.

Fin de la Grammaire.

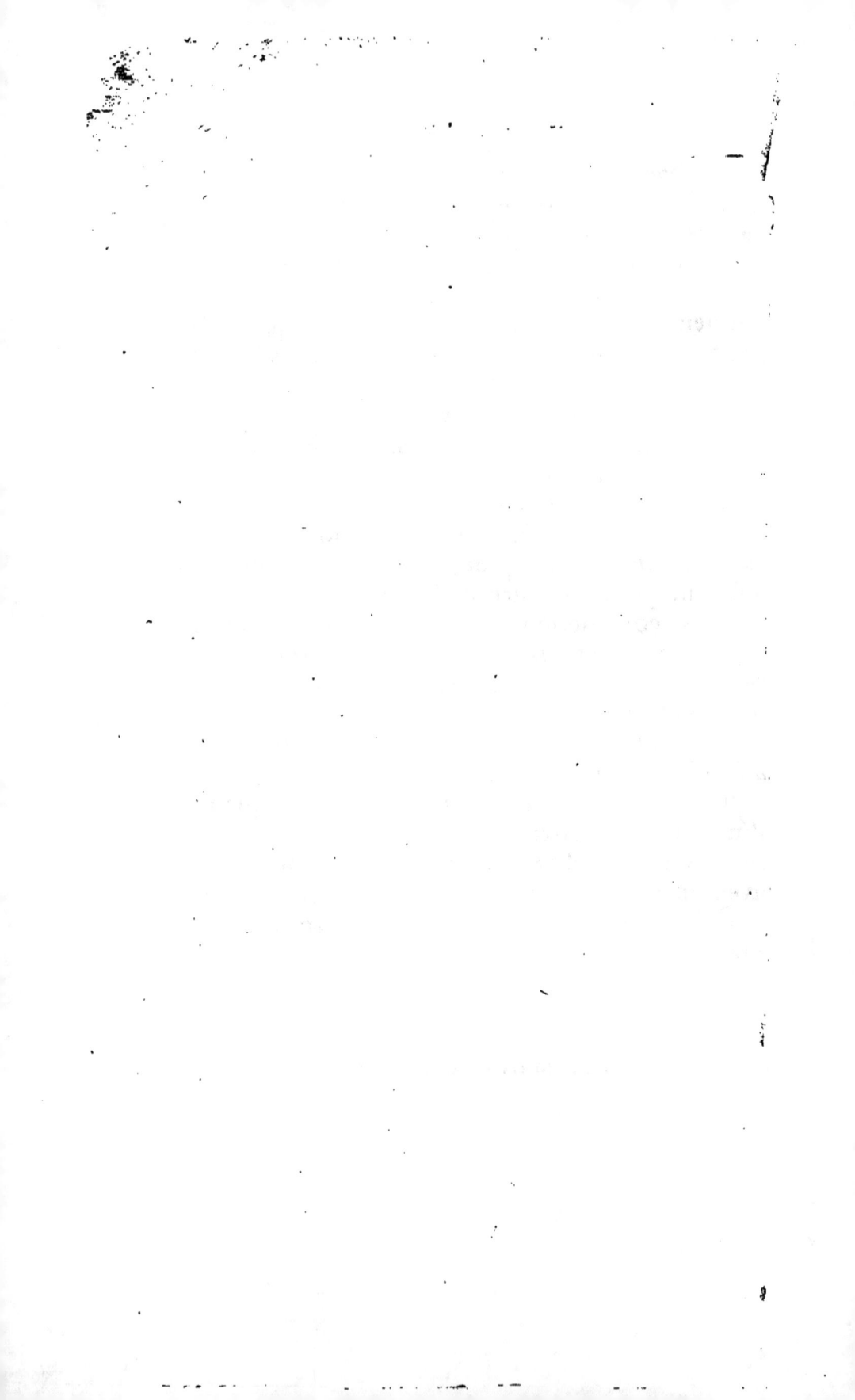

PRINCIPES

GÉNÉRAUX

DE L'ORTHOGRAPHE

FRANÇAISE.

DE L'ORTHOGRAPHE.

D. Qu'est-ce que l'Orthographe ?

R. C'est la manière d'écrire correctement tous les mots d'une langue.

D. Qu'entendez-vous par écrire correctement ?

R. J'entends se servir en écrivant de toutes les lettres et figures que l'usage prescrit.

D. Comment divise-t-on l'orthographe ?

R. En orthographe de principe et en orthographe d'usage.

D. Qu'entendez-vous par orthographe de principe ?

R. J'entends celle qui est fondée sur les principes même de la langue, et qu'on ne peut apprendre que par une étude particulière de la Grammaire française, où ces principes sont renfermés.

D. Qu'a-t-on expliqué dans cet Abrégé qui puisse en donner connaissance ?

R. Les différentes combinaisons des noms, par rapport aux genres et aux nombres, et des verbes par rapport aux temps et aux personnes, et chaque partie du discours.

9

D. *Qu'entendez-vous par* orthographe d'usage ?

R. J'entends cette orthographe suivant laquelle les syllabes des mots s'écrivent plutôt d'une manière que d'une autre, sans autre raison que celle de l'usage et de l'étymologie.

D. *Comment apprend-on cette orthographe ?*

R. Par la lecture des *Dictionnaires* et des bons livres.

D. *Ne peut-on pas diviser cette orthographe d'usage ?*

R. Oui , on peut la diviser en orthographe ancienne et en orthographe nouvelle.

D. *Qu'est-ce que l'orthographe ancienne ?*

R. C'est l'orthographe des auteurs qui veulent conserver l'ancien usage ; principalement pour ne pas perdre la connaissance des étymologies, qui font voir de quels mots latins ou grecs viennent certains mots français.

D. *Qu'est ce que l'orthographe nouvelle ?*

R. C'est celle des auteurs qui retranchent des syllabes les lettres qui ne se prononcent point, et cela pour rendre autant qu'il est possible l'orthographe conforme à la prononciation.

D. *Laquelle doit-on suivre de ces deux orthographes ?*

R. L'orthographe nouvelle est la plus aisée, la plus naturelle, et même plus commune à présent que l'orthographe ancienne, et par conséquent plus conforme à l'usage.

Des figures qu'admet l'Orthographe indépendamment des lettres.

D. *Quelles sont les figures que l'on emploie encore en écrivant ?*

R. L'Apostrophe ('), le Tiret ou Trait-d'union (-), les deux points sur une voyelle

(˙˙), la Cédille (ç), la Parenthèse ( ), les Guillemets (»), les lettres capitales, les Accens, la Ponctuation, l'Alinéa.

De l'Apostrophe.

D. *Quel est l'usage de l'Apostrophe?*

R. L'*Apostrophe* marque une élision, c'est-à-dire, la suppression d'une voyelle finale, et elle se place au haut de la lettre qui précède la lettre supprimée.

D. *Quand est-ce que se fait l'élision d'une voyelle finale?*

R. L'élision d'une voyelle finale se fait ordinairement quand le mot suivant commence par une voyelle ou par une *h* non aspirée: ainsi on dit *j'aime*, au lieu de *je aime*; *s'il vient*, et non pas *si il vient*; *l'harmonie*, *l'homme*, pour *la harmonie*, *le homme*, etc.

Du Tiret.

D. *A quoi sert le tiret?*

R. Le tiret sert à joindre deux mots pour les prononcer comme s'il n'y en avait qu'un, c'est aussi pour cela qu'on l'appelle *trait-d'union.* Exemple, *peut-être, quelques-uns,* etc.

D. *Où est ce qu'on le met communément?*

R. Entre le *t* d'un verbe interrogatif et les pronoms personnels *il, elle, on,* comme *vient-il, dit-elle, dit-on*: quand le *t* est détaché du verbe, et qu'il n'est ajouté que pour éviter le bâillemens, on le met entre deux tirets; comme *viendra-t-elle? crie-t-il?*

D. *N'a-t-il point d'autre usage?*

R. On s'en sert encore à la fin d'une ligne, lorsqu'on est obligé de transporter le reste d'un mot à la ligne suivante.

Des deux points sur une voyelle.

D. *Quel est l'usage des deux points sur une voyelle ?*

R. Les deux points sur une voyelle marquent que cette voyelle ne fait pas une -même syllabe avec la voyelle qui la précède immédiatement.

D. *Donnez-en des exemples.*

R. Dans *Saül*, *Moïse*, *ciguë*, on met les deux points sur l'*ü*, l'*ï* et l'*ë*, afin qu'on ne prononce pas *Saül* comme *Paul*, les deux premières syllabes de *Moïse*, comme la première de *moisi*, et la dernière d'*aiguë*, comme les dernières de *langue*, *fatigue*.

De la Cédille.

D. *A quoi sert la Cédille ?*

R. La cédille, qui est une espèce de virgule ou de petit *c* retourné, se met sous le *c* pour lui donner avant l'*a*, l'*o* et l'*u*, le même son qu'il a avant l'*e* et l'*i*, c'est-à-dire, le même son de l'*s*.

D. *Donnez en quelques exemples.*

R. Dans *il commença*, *leçon*, *avançons*, *il conçut*, *reçûmes*, on met sous le *c* une cédille pour marquer qu'il se prononce comme si l'on écrivait, *il commensa*, *leson*, *avansons*, *il consut*, *resûmes*, etc.

De la Parenthèse.

D. *Qu'est-ce que la parenthèse ?*

R. Ce sont deux espèces de crochets qui renferment un petit nombre de paroles qu'on insère dans le discours, qui en interrompent le sens , et qu'on croit nécessaires pour l'intelligence de la phrase.

D. *Donnez-en un exemple.*

R. Que peuvent contre lui (*contre Dieu*) tous les Rois de la terre !

Des Guillemets.

D. *Qu'est-ce que les-guillemets ou guimets ?*

R. Ce sont de petites virgules doubles (») qu'on met en marge à côté d'un discours, pour marquer que ce discours est d'un autre auteur.

De l'Alinéa.

D. *Qu'est-ce qu'écrire à linéa ?*

R. C'est recommencer une nouvelle ligne ; quoique la précédente ne soit pas entièrement remplie.

D. *Quand est-ce que l'on doit écrire à linéa ?*

R. On le fait toutes les fois que ce que l'on a à écrire n'a pas une liaison prochaine et immédiate avec ce que l'on a déjà écrit.

Des Lettres capitales.

D. *Qu'appelle-t-on* lettres capitales *ou majuscules ?*

R. Ce sont les grandes lettres.

D. *Où se mettent-elles ?*

R. Au commencement des noms propres de *Dieu* , d'anges, d'hommes, *de royaumes , de provinces , villes , bourgs , villages , châteaux , mers, rivières , tribunaux et juridictions ,* etc.

D. *Ne les met-on pas aussi au commencement des noms de dignités et de qualités ?*

R. Oui , lorsqu'on en fait l'application à quelque sujet particulier.

D. *Donnez-en des exemples ?*

9

R. Quand je dis, *le Roi*, c'est-à-dire, *le Roi de France*, le mot *Roi* s'écrit avec une capitale; mais ce même mot pris dans un sens général, s'écrit avec une petite lettre, comme dans cet exemple : *Un roi sage et pieux fait le bonheur de ses sujets*; il en est de même des autres noms de dignités et de qualités.

D. *Ne s'en sert-on pas encore ailleurs ?*

R. Oui, au commencement des noms de *sciences*, d'*arts* et de *professions*, quand ils font le principal sujet d'un discours ; et enfin au commencement du premier mot d'un discours, d'une phrase et d'un vers, pour y mettre plus de distinction et de netteté.

Des Accens.

D. *Qu'entendez-vous par accens ?*

R. J'entends une certaine marque qu'on met sur les voyelles, pour les faire prononcer d'un ton plus fort ou plus faible : le nombre des accens et leur principal usage se trouvent au *chapitre I.er* de l'*Abrégé* ci-devant.

D. *Ne met-on l'accent grave que sur les e ouverts, lorsqu'ils se trouvent à la fin des mots et qu'ils sont suivis d'un s ?*

R. On emploie l'accent grave sur *à*, lorsqu'il est article, pour le distinguer de l'*a* article ou pronom ; sur *où* adverbe, pour le distinguer de *ou* conjonction, etc.

D. *Ne met-on l'accent circonflexe que sur les voyelles longues ?*

R. On le met aussi sur certains mots, pour prévenir quelque équivoque, comme dans *dû*, participe du verbe *devoir*, pour le distinguer de *du* article; dans *crû*, participe du verbe *croître*, pour le distinguer de *cru*, participe du

verbe *croira*; dans *sûr* adjectif, pour le distinguer de *sur* préposition, etc.

D. *Tous les e ouverts doivent-ils être marqués*
de l'accent grave; les e fermés de l'accent aigu,
et toutes les voyelles longues de l'accent circonflexe?

R. Non : on pourrait donner là-dessus quelques règles générales; mais elles sont sujettes à
tant d'exceptions que la meilleure règle à cet
égard est l'usage et l'exemple des auteurs qui
écrivent correctement.

De la Ponctuation.

D. *Qu'est-ce que la Ponctuation ?*

R. C'est la manière de marquer, en écrivant,
les endroits d'un discours où l'on doit s'arrêter,
pour en distinguer les parties ou pour reprendre haleine en lisant.

D. *De quels signes se sert-on pour cela ?*

R. On se sert de la virgule (,), du point
avec la virgule (;), des deux points (:), du
point (.), du point interrogatif (?) et du point
admiratif (!).

D. *Que faut-il savoir pour bien entendre la*
ponctuation ?

R. Il faut savoir ce que c'est que phrase et
période.

D. *Qu'est-ce qu'une phrase ?*

R. C'est un assemblage de mots où se trouvent un ou plusieurs noms, qui expriment un
ou plusieurs sujets dont on parle, et un ou plusieurs verbes qui expriment ce qu'on en affirme.

D. *Qu'est-ce qu'une période ?*

R. C'est un assemblage de plusieurs phrase
dépendantes les unes des autres, et liées par
des conjonctions pour faire un sens complet.

D. *Quel est l'usage de la virgule ?*

R. Elle s'emploie après les noms, les verbes, les adverbes, et après les différentes parties d'une phrase ou d'une période qui ne sont pas nécessairement jointes ensemble, et où l'on peut naturellement reprendre haleine, quoique le sens ne soit pas fini, comme on le voit dans ces phrases :

La Grammaire, la Géographie, l'Histoire, la Musique, sont des sciences et des arts qu'il convient aux Dames d'étudier.

Quand on veut obtenir quelque faveur, il faut courir, briguer, flatter et faire souvent mille bassesses.

Un discours doit être prononcé clairement, distinctement, noblement et vivement.

D. *Quel est l'usage du point avec la virgule ?*

R. C'est de marquer un sens plus complet que la virgule. Exemple : *Un prince qui apprenait à jouer des instrumens, ayant touché une corde pour une autre, et se formalisant de ce que son maître l'en reprenait ; si c'est comme roi, répondit le maître, vous avez droit de le faire ; si c'est comme musicien, vous faites mal.*

D. *Quel est l'usage des deux points ?*

R. Ils servent à marquer le milieu de la période ou un sens plus complet que le point et la virgule. Exemple : *Roscius est un si excellent acteur, qu'il paraît seul digne de monter sur le théâtre : mais d'un autre côté, il est si homme de bien, qu'il paraît seul digne de n'y monter jamais.*

D. *Quel est l'usage du point ?*

R. On le met à la fin d'une phrase ou d'une période, dont le sens est absolument fini, c'est-à-dire, lorsque ce qui la suit en est tout-à-fait indépendant. Les phrases précédentes peuvent servir d'exemples.

D. *Quel est l'usage du point interrogatif et du point admiratif?*

R. Le point interrogatif se met à la fin des phrases qui expriment une interrogation. Exemples : *Qui fit jamais de si grandes choses? Qui les dit avec plus de retenue? Où allez-vous? Qui a fait cela? etc.*

Le point admiratif se met à la fin des phrases qui expriment une admiration ou une exclamation. Exemple : *Qu'il est difficile d'être victorieux et humble tout ensemble! hé mon Dieu! etc.*

FIN.

TABLE

DES

CHAPITRES, ARTICLES ET TITRES.

FIN DE LA TABLE.

www.ingramcontent.com/pod-product-compliance
Lightning Source LLC
Chambersburg PA
CBHW052053270326
41931CB00012B/2744